「EQ力」と「非認知脳力」で自分を変える！

この世界での「私」の活かし方

ラーニング・ポイント　主宰
淵ノ上雄次
Yuji Fuchinoue

文芸社

はじめに

今悩んでいる、そして迷っている中高生、そして大学生のみなさん。

何のために今がんばっていますか？

何のために今充電していますか？


今大人になっているみなさん。

幸せですか？

人生成功していますか？

お子さんに何という〝幸せワード〟を伝えていますか？


冒頭で失礼しました。

人は、生きているときは迷いと不安の連続です。けれど、何かを求めて進まないといけません。しかし、その何かが分からずに不安になるのです。

二〇〇〇年にノーベル経済学賞を受賞したジェームズ・ヘックマンさんが言いました。

「幼少期に非認知的な脳力を身につけておくことが、大人になってからの幸せや経済的な安定につながる」

ＩＱや学力、記憶力のことを「認知脳力」といいます。それ以外の脳力が「非認知脳力」。現代教育のキーワードとして注目されている非認知脳力を育てるには、どうしたらよいのでしょう。そして社会に出てから〝幸せに生きる〟とは？

この本は、普通の教育書ではないかもしれません。そして単なる生き方哲学書でもありません。

冒頭で書かせていただいた、何に向かって生きているか分からなくなっている中高生のみなさん、勉強の意味を見失っているみなさん、そして社会に出てこのままでいいのか迷っているみなさん、ゴールと思っていた頂上まで登ってきたけれど、その先が見えなくなっているみなさん、お子さんとの関係に悩んでいるみなさん。

そんなみなさんに読んでいただきたい一冊です。

私は有名人ではありません。自分自身では「スタディドクター」または「メンタルファシリテーター」と呼んでいて、「学ぶとは?」「生きるとは?」を追求しながら、いろんな方々の人生をていねいに分析している者です。幼少期から観ていた子どもたちがどのように成長していったか、悩んでいる大人がどう立ち直っていったか、どう挫折していったかなどをもとに、〝人を観る眼〟を私の中に育てています。

自分を活かすとは?

ぜひこの本を読んでいただき、さらにご自身の可能性を引き出すきっかけになっていただければ幸いです。

ちなみに、この本は二章ごとにイラストレーターが変わります。すべて私が運営している学習塾「ラーニング・ポイント」の卒業生たちです。個性が強いイラストが多いですが、彼らにはそれぞれこの本を読んでもらい、感じたことを自由に表現してもらいました。

ぜひ、それぞれの個性と感性もご堪能いただければ幸いです。

もくじ

第三章 脳が活きる

第四章 ＥＱ力を活かす

第二部

第一部

第一章
学びが見せる世界

▼▼▼「学ぶ」って何？

成功すること、失敗すること

「人生は一生学ぶものなんですよ」

若いときにそう聞くと、「ずっとこんな勉強するのかよ！」と不安や不満を持つ方がいらっしゃることでしょう。

実は私もそうでした。しかし、なぜそう思っているのでしょう？　もしかして「学ぶ」の意味を間違って理解しているのでは？

そうなんです。私自身の話をしますと、「勉強する＝科目学習」だったのです。

つまり、国語では漢字をいっぱい覚える！　社会の歴史では年号と人物をしっかり覚える！　数学は公式を覚えて、いっぱい問題をこなし、解き方を覚える！　などなど。そういった感覚で勉強していました。

中学校時代の定期テストでは覚えた問題がそのまま出るので、いつも一科目九十点以上は取れていました。しかし、実力テストになると、なぜか一科目七十点くらいまで落ち込んでしまいます。勉強しているつもりなのに……と悔しい思いでいっぱいでした。

いよいよ高校受験が近づいてくると、がんばっても実力が伸びない中、何らかの言い訳を探し始めます。そうすると「こんな勉強しても何の役に立つのだろう?」という疑念いっぱいの感覚になり、「逃げの言い訳」として、前述の「こんな勉強しても何の役に立つのだろう?」という言葉を思わず発していました。

確かに、学校から一般社会へ出て二十年以上経ちますが、球の表面積を求める公式や、本能寺の変が起きた年号など、覚えた知識を使う機会は、まずありません。ちょっとした教養のクイズ番組ぐらいで解けて満足するぐらいでしょうか。

では、本来の「学ぶ、勉強する」とはどういうことなのでしょう。教科書を精一杯暗記することなのでしょうか。似たような問題をいっぱい解いて、受験傾向の対策をすることでしょうか。

それだけでは社会では通用しません。社会に出たら、社会で生きることこそが学習空間です。社会で同じようなケースがいっぱい目の前に現れるでしょうか? そんなことはありません。

つまり、まず「学ぶ」とは、「経験すること」だったのです。

人生においては、いろんな経験の積み重ねで生き方を学んでいます。それも二つに分かれます。

一つ目は「成功体験」です。「どうすればそのチャレンジが成功へと導かれたのか」の経験を積み重ねることで、成功するためのプロセスを実感していきます。

そして何よりも「成功する」とは、気持ちがいいものですよね。その積み重ねが脳に大切なホルモン分泌のエネルギーとして分泌作用を活性化し、向上心や、やる気につながっていくので、その快感を本能的に経験したくて、また成功体験を味わいたくてチャレンジしようと意識していくのです。

成功体験は自分の心地よさを学ぶツボであり、自分自身にトラブルが起こった時にどう処理していくかをうまく導いてくれる大切な学びなのです。

二つ目の経験の学びに「失敗する」が挙げられます。一見矛盾しているように思えます。しかし、成功者のほとんどが、失敗の果てに成功を経験しているのです。

発明王と称されたエジソンや、ノーベル物理学賞・化学賞と二度もノーベル賞を受賞したキュリー夫人もそうですが、科学者や発明家たちは、たくさんの失敗と多くの犠牲をもとに一筋の光を求めて研究し、そこから挫折しなかったことで成功へとつながっています。

二〇一五年にノーベル生理学・医学賞を受賞された大村智先生も、受賞後のインタビューでこう言われています。

「若い頃には大いに失敗をやってください」

もちろん、失敗することが目的ではありません。失敗した後に「あぁ、またやっちゃった……」で済ませていたら、意味はありません。

失敗すると悔しさや失望、挫折感を味わいます。その失敗の原因を探り、どうすればその失敗の要因を克服して、うまく成功できるようにするかを考えることが大切です。数々の失敗体験を通じて、人はそんな苦しみをもう味わいたくないと〝意思する〟ことで、失敗した部分を成功への道へつなげる研究をするのです。

これは、科目学習も同じです。よく計算問題で間違った生徒を「計算ミス」と指摘して終わらせる先生がいらっしゃいますが、実はミスではなく、大きな考え違いをしている場合が多いのです。しかし、先生や保護者から「計算ミスしたね。次は気をつけてね」としか声をかけられなかった生徒たちは、自分の大きな考え違いに気づかずに流してしまい、ずっと同じ間違いを繰り返していきます。

計算問題は、何が間違いにつながったのかを分析するのに見つけやすい問題です。だからこそ、幼少期から間違ったときこそ、その問題と向き合うくせをつけることで、間違いや失敗を克服する意識を育てることができるのです。しかし、自分の間違いを「なぜ？」と振り返りもせずに、テスト訂正と称して解説や答えを写し書きしている人のほとんどが同じ失敗を繰り返す人となり、そのトラップにかかっています。テストで間違った問題こそ、成長する気づきの宝物がいっぱいあるのだから、それに目を向けてどうすれば正解につながるかを研究するような勉強をしていけば、自分なりの法則を見つけ出す力までつながっていくのです。

前述した私の学びの失敗は、中学生時代の学習法でした。高校生になると「勉強のやり方を変えたい！」と決意し、高校一年生の時に徹底して学習法の研究に取り組みました。その時に編み出した学習法で、定期テストも実力テストも同じような順位をキープできるようになったため、「これが究極の学習法だ！」と信じて大学受験を迎えました。そのキーポイントが「間違い・失敗の研究」だったのです。

自分の過ちに目を向けるということは、とても勇気のいることです。しかし、間違いの本質を理解すれば、どんな問題がきても自分の間違いやすい法則性を理解できているので、同じ間違いを繰り返さなくなります。

私は今、この間違いを研究する学習法を、小・中・高校生に伝えています。そういう学び場をつくりました。受験で合格することを目的とするのではなく、入試で合格することは、あくまでもプロセスの中で出てきた目標値としてとらえ、一回一回の授業の中で徹底的に間違った問題の研究をするように指示しています。

その結果、私が主宰している学習教室は、宿題ゼロなのですが、テーマや課題に自分たちで取り組み、大きな成長を遂げている生徒が増えています。数値でいえば、一年で偏差値が十四もアップする生徒がたくさん出ていますし、夏休み期間だけで五〇〇点満点の実力テストが八十点以上アップする生徒も続出中です。

なぜそうなるのか、それが「間違いの研究」です。その研究心を習慣化すれば、自ずと結果はついてくるのです。

まずは小・中・高校生のみなさん！　そして保護者のみなさん！　自分の間違いに目を向けてみませんか。それを「汚物」ととらえるのではなく、「宝物」ととらえ、大切にしてみませんか。

つまり、失敗を繰り返すような悪しき習慣を続けるのではなく、失敗を成功体験に変える体験を積み重ねることも、学びの一歩なのです。

思考すること

次に「学ぶとは？」の二つ目についてです。

前述の通り、学生時代に学んだ知識や教養をすべて一般社会で使っているかといえば、ほとんど使っていません。しかし、あの頃（学校時代）に考えた「ツボ」は使い道がいっぱいあります。

そうなんです。「学ぶ」とは、基礎知識や社会常識を覚えることも大切ですが、算数・数学、理科のように考察、推理する「思考」も大切なのです。

「思考する」とは、問題の内側にある法則や気づきのもとを見つけて、あれこれ考えながら問題を解き進めていくことです。つまり、科目学習はその知識や解き方を頭にたたき込むというより、その科目が本来伝えたいそれぞれの役割を理解して、いろんな思考を研ぎ澄ますことが必要なのです。

社会で生活していると、いろんなトラブルや困ったことに出遭います。それは自分がこれまで経験したことのないようなこともいっぱいあります。しかし、そんな時は「どうすればこうなるか、これをしたらどうなるか」など持てる頭脳をあれこれフル回転してチャレンジしますよね。その頭脳をフル回転できる柔軟性が「学び」で育っていくのです。学生時代の勉強は、この考え方（問題解決能力）をつけることにも意味があるのです。

ここでそれぞれの科目本来の役割を書き連ねたいのですが、これを始めるとそれだけで一冊になるので、またの機会にとっておきます。

この二つの「学ぶとは？」から見られるように、学生時代に学ぶポイントをおさえれば、社会に出てからも日々の暮らしの中で学んでいることに気づいていくと思います。暮らしの中で家事をどう効率よく進めるか、運転中にどの道を通れば安全に目的地まで着くか、人に想いを伝えたいときにどの順序で伝えればいいか、今日はどのオモチャでどんなことをして遊ぼうかなど、生きているだけで日々思考しているのです。

そう、この世に生きていることこそが「学び」なのです。学んでいる間に、生きにくいと思っていた自分の生活空間に「活《い》きがい」「やりがい」「生きがい」をもって自分の人生を生き続けるために、人は日々思考し続けているのです。学ぶ意味は、本来もっと深いところにあったのですね。

▼▼▼「学び」の環境

「子どものため」のつもりが……

そうはいっても、子どもたちに「良い高校、良い大学、良い会社に入るために、今はいっぱい勉強するんだよ」と声かけをしている保護者が多いようです。不景気になれば、なおさらこの言葉を子どもたちへインプットしていきます。

最近では子どもたちのなりたい職業と親が就かせたい職業が合わなくなってきていて、子どもの将来の夢はサッカー選手やプロ野球選手、お花屋さんと続くのですが、親が就かせたい職業には会社員と公務員が全体の八割以上を占めているなど、堅実な職業が上位を占めています（二〇一七年アニヴェルセル株式会社「子どもに就かせたい職業人気度ランキング」より）。

そんな中、現代社会では学歴が高い人なのに、「まさか」の犯罪を犯す人が増えてきています。その要因の一部を探っていきましょう。

一つ目は、過度な受験戦争が挙げられます。都市圏ではお子さんを幼稚園・小学校から受験させることが過熱化して、地方では、中・高一貫校の受験が過熱化しています。

まず、幼稚園・小学校受験は、人気の高い大学に入れるための準備、または系列校への先駆け入学を狙っている方もいらっしゃるようです。次に中・高一貫校の受験に関しては、「高校受験がないから」という理由で受験に向かうご家庭があります。

そうすると、まだ発育段階で自我のコントロールや人生設計の見通しが立っていない子どもたちなのに、高校受験よりも高い倍率の中で戦っていくことになります。中には相手を一人でも蹴落とすために妨害工作をしたり、自分だけが生き残るために執着を膨らませたりする家庭があるのも事実です。

そういうご家庭は大半が子どもを塾に通わせます。塾では毎月または毎週テストが実施され、子どもたちは点数で判断されてしまい、プロセスに目を向けない進路指導を受けると、どうすれば得点力が上がるか分からないと、過度なプレッシャーに悩まされてしまうケースもあります。その結果、友達や家族はいるけれども、どうしていいか分からない孤独を感じたり、ストレスからいじめを仕掛ける側になったり、人を観る目が変わってしまったりしていくことがあります。

あくまでも「大げさなケース」として事例を挙げていますが、私自身、学習塾を二〇〇三年から運営してきている中、現場で起こったり、同業の方から実際に聞いたりしたことを事例に挙げています。

例えば、某中学校が五年以上同じ実力テストを使って中学三年生の受験傾向を調査していました。何年も使い続けるのだから、そのうち答えが漏れてしまいます。とある学習塾がとうとう一科目分の解答を入手し、それを塾生たちに配ってテストを受けさせました。もちろん、その塾の生徒たちは平均点よりもかなり高い点数が出て、学校内で注目を浴びました。ここでさすがに中学生といってても子どもです。「君が通っている学習塾はすごいところだね！」と言われたある生徒が、「うん、塾長が解答を配ってくれるからね」と答えたとのこと。それが明るみになって学校で大問題になり、先生たちも進路指導のあり方を急に変えざるを得なくなったことがありました。

とてもばかばかしい話だと思い、私が教室内の二者面談で保護者の方にそのお話を笑い話としてお話ししたところ、「なぜこの教室ではそこまでしてくださらないのですか？　先生にはそんな熱意はないのですか?」と言われてしまったのでした。私は自分の聞き違いかと思い、再度聞き直しても同じ反応でした。

そんなカンニングに意味がないことなど、その保護者も本来は分かっているはずです。しかし、受験へのプレッシャーからそんな発言につながってしまったのでしょう。

こんなケースは、隠れていてもたくさんあるのではないでしょうか。受験のストレスやプレッシャーは、これから生きていく社会でのことを考えると、ある程度は大切な経験になります。しかし、そのとらえ方一つで「モンスター」に変わってしまうのです。

また、「褒めて伸ばす教育」が注目を浴びていました。しかし、その時には褒められた子は「見た目」のやる気を見せますが、バランスを失ったコーチングをし続けると、プレッシャーで苦しむときに、自分で処理できず、落ち込んでいくケースも多々あります。結果、ストレス耐性がない、モチベーションが維持できない、理想と現実がリンクしない環境を作りだしていくことがあります。

これは「失敗」を経験していないから起きる現象でもあります。学校の時間割を親が事前に準備したり、遅刻しないように車で送迎したり、保護者や教師が未然に失敗を防ごうとすればするほど、子どもたちは自分の経験から失敗を学び取ることができないので、突然トラブルや失敗に向き合わなければならなくなったときに対処できなくなるのです。

このことが、自律した活用力の欠如につながっていて、社会人で学歴は高いが仕事は……という人材に当てはまってしまうのです。

二つ目は、前述した中・高一貫校がますます増加していることにより、受験年齢の低年齢化が進むため、中には訳も分からずに受験している子どもたちもいるということです。

中・高一貫校の倍率は、都立でも平均六倍超えで、高校受験と比べても厳しいことが分かります。しかし、一つ目の保護者目線で挙げたように、高い志ではなく「高校受験がないから」というフレーズを子どもにインプットして受験させたとすると、生徒は高校卒業までの六年間、モチベーションが維持できずにうまくいかないケースが多々見受けられます。

私のふるさと鹿児島は、まさしくその問題を含んでいて、毎年次のような結果になっています。

全国学校基本調査において、小学校A問題（基礎問題）では全国でも成績がよい方ですが、B問題（活用問題）になると、突然四十位以下に下がってしまいます。中学生になるとA問題もB問題もそれぞれほぼ最下位に近い場所に位置しています（二〇一九年以降統合調査に）。

全国で鹿児島の印象を聞くと、必ず教育熱心な県という答えが返ってきます。しかし、これが現実です。そして、高校生の四年制大学進学率に目を向けると、ほぼ毎年最下位にいます。学力低下が年齢ごとに進んだ結果とは一概には言えませんが、一つの要因として、受験をどうとらえるかがあるのではと考えてしまいます。

また、大学教育も全国的に崩壊していると言われ続けています。国公立大学は、合格率でいえば、五人に一人しか合格できない狭き門となっていますが、定員割れの大学数は四十六パーセントに及び、ＡＯ入試を利用して名前だけの大学生になっている学生もたくさんいます。また、一年間は教養課程を受講する大学が大半ですが、本来の教養の意味とはかけ離れた公務員試験、就職試験対策の講座になっていたり、教授が独自理論の熱弁を振るう場所になっていたりするなど、教養学本来の意味をなしていないケースもあるようです。

そうなると、大学自体が専門学校化していて、テクニック論だけで就活支援をして、教授から伝授されたテクニックの活用を、場もわきまえずに披露する幼稚な社会人の増加も後を絶たなくなっています。

このような教育の背景から自律できない環境が生まれたり、「自分とは？」を理解しない学生が増加していき、小学生からの不登校児童の増加につながったり、ニートの増大につながったりしているのです。

▼▼▼ 教養学が教えてくれること

人を自由にする学問

そもそも、大学の教養課程とは何を学ぶ場なのでしょう?

確かに一つの目的として、知識を深めるという観点があるのも事実です。しかし、本来の教養学とは、知識の理解だけではなく、人格形成の場、社会で生きていく最終調整の場としての位置づけがあるのです。

さかのぼると、孔子の『論語』にも教養の使い道が記されていますし、古代ギリシャでも文法学、修辞学、論理学、算術、幾何学、天文学、音楽に分かれた「リベラルアーツ教育」というものが存在していました。その上に哲学があり、さらにその上に神学があったといわれています。

このリベラルアーツ教育とは、「人を自由にする学問」といわれています。そのような学問になぜ音楽が含まれるのか、なぜ天文学が影響を与えるのかなど、謎に思えますよね。しかし、それぞれに人が感じる心だったり、他人とうまく溶け合える感覚だったりを身につける指導ポイントがあるようなのです。その指導ポイントをうまく理解できれば、七科目を通して、

①社会人基礎力
②異質な他人と協力して事を進める際のコミュニケーション術
③視野を幅広くすることでの問題解決能力づくり
④自我と向き合う方法
を感じていく学問だったようです。

しかし、現在の教養は「知識重点型」になってしまい、果たしてそのような感覚が育っていくかは疑問が残ります。

もちろん、日本にもこのリベラルアーツ教育を持ち込んでいる大学、または教養学部の見直しをしている大学も増えてきています。

そんな中、知識を膨らまそう、資格をたくさん取ろうと大学へ入学する学生がいます。また、一部識者の間では実利がないとの理由で教養学部や文化系学部の廃止論も高まってきています。一方、企業側は、コミュニケーション能力や問題解決能力に代表されるような、ここでいう教養力を備えた学生を求めています。

そこで私は、自己をどのように見つめるかを探究するための新しいリベラルアーツ教育を提案しています。

①歴史学
自分が関係する学校や企業、家庭に対して、どういう背景があって今があるのかを振り返

る学問です。

②人間本質学

人という存在の成り立ち、人が生きる環境、自分の個性を第三者目線で理解する学問です。

③易学

中国の四書五経の一つである易学。その学問の真髄にある、出来事の流れと成り立ちや変化の見通し・意味の理解を客観的な視点で学ぶ学問です。

④コミュニケーション学

言葉で交わすコミュニケーションは七パーセント、表情で相手を理解するコミュニケーションは三十五パーセントといわれ、後の四十八パーセントのコミュニケーションは人の雰囲気や気配で相手を観ることです。そのコミュニケーションの真髄を学ぶ学問です。

⑤地頭（問題解決能）力学

公務員試験や就職試験でもたくさん出題される判断推理や数的処理、図形合成問題などを、気軽に取り組める分野からチャレンジします。その中で法則の理解を膨らませて、着眼点を育てる学問です。

⑥経済学

経済は生きものといわれています。その生きものである経済の成り立ちを押さえ、経営に活かす哲学を学ぶ学問です。

⑦検証力学
自分自身を客観的に見つめ、検証することで、自分が今なすべきことなどを理解し、メンタルヘルスのバランスを整えていく学問です。

このように、教養といっても知識分野はほとんどありませんが、生きている中で自然と育っていった自分や家族からの習慣の存在に目を向け、その考えを開放することが「人を自由にする学問」につながっていくと確信しています。

人は生きている限り学びの連続です。学びを続けるということは、何かを犠牲にします。つまり「時間」です。自由や楽しいと思う時間を犠牲にしてまでも、学びを続けることで、人は人間力のレベルアップを勝ち取ることができるのです。しかし逆に自由や楽しいと思う時間を獲得し続けることを選択してしまうと、人間力がレベルアップするチャンスを失います。何を犠牲にして「今を生きるのか」が、自分自身に問い続けながら生きているのです。

学びはその時にしかできないことがあります。小学校二年生は中学校三年生の計算ができなくてもいいのです。かけ算の仕組みを理解し、それを展開できる力や図形を合体する力が備わっていけばいいのです。知識欲ももちろん大切ですが、そのときにしか味わえない、発見の喜びに目を向けることも大切ではないでしょうか。

学びが見せる世界は、科目の点数だけでは理解し得ない、深い世界が広がっているのです。

これからの章では、リベラルアーツ教育につながるべく、学ぶ意味と手法、そこから導き出されるとらえ方をお伝えしていきます。

第二章
「頭がいい人」が活きる

イラスト・岩崎由紀子

▼▼▼ 頭がいい人の共通項

基礎学力↓PCでいうとソフトウェア

「あの人頭がいいよね！」と言うとき、「頭がいい人」ってどんな人だと感じていますか？どんな人を想像しますか？

計算を暗算で素早くできる人、漢字がたくさん書ける人、世界の国旗と国が全部言える人、微分積分をパーフェクトに解ける人。一級品の力をもった人はたくさんいます。

しかし、何をもって「頭がいい人」と定義するかは、実はよく分からずに使っているのでは？　自分よりも何かに優れている人、自分では及ばない力を見せた人を「頭がいい」と表現しているところがありませんか？

教育業界では総称して「学力の高い人＝頭がいい人」という関係性が存在します。しかし、そもそも学力とは何でしょう。また、頭がいい人になるために学力を上げるとすると、どうしたらいいのでしょうか。

一方、一般社会において頭がいい人とは、「問題解決力がある人」と定義づけられます。知識がそこそこでも、それをどう使えるかという部分です。

どうしてこの教育と社会でズレが生じるのか？　何を思って学習に取り組んでいけば良いのか？　この章では、この「頭がいい」人の特徴や、「頭がいい」人に近づく〝心持ち〟をお伝えしていきます。

まず、社会でうまく生きている人の多くが「問題解決能力」を持っています。

意外と盲点になっていますが、知識詰め込み型の人は、パニックを起こしやすい傾向があります。反復勉強するということは、知識の再確認につながります。しかし、新しい知恵に結びつくかといえば、そうとも言い切れません。初めて見た問題でも自分なりの解法を紡いでいける人が、問題解決能力の高さを表していますし、問題解決能力を突き詰めていくと、個の世界ではなく、全体的に物事を見る視野がつくられ、その力が誰かの役に立つものにつながっていきます。これがまず「頭がいい人」と言えるでしょう。

そしてそういう「頭がいい人」には、共通項があります。頭がいい人は、次にお見せするような三つの力を持っています。

一つが、基礎学力。学習のベースになる土台の力がある人です。そして二つ目にそれを活用できるだけの根本的な能力、要は頭の力、これを私は「地頭力（じあたまりょく）」と呼んでいます。そして三つ目に心が備わっている人、これが、頭がいい人の特徴です。

私も二〇〇三年から学習教室を運営し、実際に生の現場で子どもたちと接してみて分かりましたが、確かに回転のいい（基本的な能力がある）子はいるけれども、基礎学力の足りない子がいたりします。そうすると、だんだん伸びしろに対して限界があることに気づきます。また、基礎学力もあって、能力もあるけれど、心が備わっていない人は、どこかで伸びしろが止まってしまっています。

私が今まで接した子どもたちの中で、自分の持っている潜在的な可能性を広げ続けている人は、この三つの要素を必ず持っています。そしてこういう人たちは、社会に出ても、自分の役割をしっかり担える人に成長していきます。

つまり、「頭がいい」というのは、テストで一〇〇点を取れるということだけではないのです。そこをまず保護者がはき違えている場合があります。たとえ小学校のまとめテストで一〇〇点を取ったとしても、中学校の実力テストでは三十点になる子もいるのです。そういった現実が、この特徴の中に表れてきます。

地頭力と基礎学力と心

▼▼▼「読み書き算」の時代は終わった⁉

基礎学力とは？

三つの力の中で、まず基礎学力から見ていきましょう。
基礎学力とは、「国語力」と「算数力」を合わせたものをいいます。

○国語力＝語彙力＋映像化＋表現力

基礎学力の重要なポイントとなる「国語力」ですが、みなさんはどうとらえていらっしゃいますか。漢字がいっぱい書ける人、言葉をいっぱい知っている人、というようなイメージかと思います。

しかし、私は国語力でまず大事になるのが「語彙力」と思っています。語彙力というのは、言葉ではあるのですが、言葉の「節々の味」を知っている人、と理解していただければよいかと思います。言葉を知っているだけではなくて、その味わいができる人。簡単に言えば、短歌を詠んで、短歌の世界を想像できる人、そのくらい言葉に親しめる力、というものが語彙力です。

そして、もちろん「読解力」。ただ、この読解力を、単なる読み解く力と定義するのではなく、心情理解、背景描写の映像化ができる力を読解力と定義しています。

例えば、物語に「夕暮れの時の……」と書いてあった場合に、なぜそのシーンがその物語の中に入っているのかを理解したり、また、そのシーンを自分の中で映像にして掘り起こすことができるかどうか（このことを「映像化」という言い方をしています）。

また、小説・物語を読んでいる中で、実際にその主人公の今の心持ちをしっかりと自分の中に落とし込んでイメージできているかどうかも大切です。読解というのは、読むテクニックではなくて、このような味わいができる力であり、これが国語力の原点にあります。

映像化を育てるトレーニングは、量をこなすのではなく、「短歌や俳句」、「詩」を味わうことをお勧めします。日本文化の偉大さが、ここにあります。短い言葉から出てくる思いを理解することこそ、究極の映像化につながっていきますし、語彙の奥行きも広がっていくことでしょう。

そして、最終的に自分が味わったことを人に伝えるために、表現できないといけません。相手に伝えるところまでが国語力です。

コミュニケーション力として、口頭で伝えられるようになるには、まず書く力が必要です。人が生まれ出て成長する過程の中で国語力が育つ要素は、聞く、話す、読む、書く、の順番です。

人はまず聞くところから「赤ちゃん人生」がスタートします。周りの大人から投げかけられる言葉を聞いて、イメージできるようになります。

そして片言の単語を話すようになります。自分が伝えたい感情を少しずつ言葉で表していくのです。

そして次に読み聞かせなどで興味を持った本を自分で手に取り読むようになり、最後に書く力が備わっていきます。

聞く力から人間の能力は育つのですが、ただ、小学生から上の世代になってくると、話すというよりも、まず、整理する力が必要なので、自分が今感じたことであったり、理解したりしたことをどう伝えるか、という場合の文章表現力が、今求められています。

実際、高校入試もそうなのですが、各地の公立高校入試で、大きな変革が起きています。「八十字でまとめなさい」や「六十字で簡潔にあなたの意見を述べなさい」などの問題が増えていて、配点も高くなっています。そしてこれが、国語だけではなく、社会や理科にも、そういう論述式と言われる要素で入ってきています。理解したこと、伝えたいことを相手の心に届くように表現するのが、この文章表現力です。

これらが国語力であり、別に高度な漢字が書けるか、書けないかという知識ベースの問題は関係なくなります。「憂鬱」という漢字が書けなくても、その意味をイメージできればいいのです。

我々には「スマホ」があります。これさえあれば、漢字が書けなくても何とかなります。知識を頭に詰め込むのではなくて、それを味わう力、それを表現する力を国語力と定義しています。

そして、基礎学力のもう一つ、「算数力」ですが、算数力は「問題の可視化」と一言で表現します。

○算数力＝可視化＋空間把握能力

これは、国語の映像化ができる読解に似ています。まず、算数というのは、計算力（スピード）ではありません。計算自体はスピードが速くなくても、暗算ができなくても、我々には電卓があります。計算そのものは、プロセス、成り立ちを理解することが必要で、どう変化していくからその答えにつながるということを理解することが第一義となっています。

携わった生徒で、当時中学校三年生の子がこんなことを言っていました。

「僕は、小学校六年生の時に、小学校の先生から『神童』と呼ばれてたんスよ。暗算も速かったし、まとめテストもほとんど一〇〇点ばかりだったんですよ！」

しかしその子は中三の実力テストで数学は二十点……。その言い訳として、

「今、僕は力を隠してるんスよ！」

そして、隠しているとされる実力をあまり披露することなく、巣立っていきました。

この生徒は、中三の時点で「2a×a＝3a」と解いてしまっていました。なぜ解けないのか？算数といっても、結局、計算だけは「覚えた」ということなのでした。

まとめテストもテスト前に類題を練習すれば、ある程度の結果は出ます。しかし、小学校の

算数と中学校の数学の違いは、まず、代数の使い方という項目が入ってくることです。代数が入ってくると、小学校の神童は、対応できなくなりました。

小学校四年生から足し算、引き算、かけ算、わり算のまとめと、思考問題が始まります。それまでは「かけ算の文章題」と単元ごとに見えているから、文章の意味はとらえていなくとも、かけ算で計算するのです。大事なことは、文章題が出てきたときに、それをしっかりと自分の中で図式化できますか？　ということです。

例えば、「太郎くんは、お皿にリンゴを十個持っています。そのうちの一つを花子さんにあげました。そして残りの三分の一を弟の次郎くんにあげました」といった問題があった場合に、自分なりの図式化ができるでしょうか。そして、これをノートに書いて表現するのではなく、頭の中で図式化できるかどうかが「算数力」の一つなのです。

かけ算も同じです。九九を覚える前に、九九の意味を理解しないといけません。九九というのは、足し算でできます。九九を忘れても、理論が分かっていれば、9×8が解けるのです。「9」を八つ足せばいいのです。または、10×10＝100だから、そこから九個ずつの八列分から一個ずつ引き、残り二十個引けば答えになります。

また、算数力のもう一つの力が空間把握（認知）能力です。目に見えている範囲を理解するのではなく、見えない部分、消されている部分の図形をイメージして合成する力です。図形の特徴を理解し、組み合わせを頭の中でできるようになれば、テクニックではなく問題の背景を理解できるようになります。

中学校以降の数学で算数が苦手という人のほとんどが、まず文章題の内容が図式化できない、そして図形問題ができません。いかにその問題の背景を読み取れて、頭の中でイメージできるかが数学の基礎です。

基礎学力は、この国語と算数の力が根拠を持って備わっているかが土台になります。

どちらも同じ9×8=72

▼▼▼頭の中とPCの機能は同じ！

根本的な能力

もう一つ、頭がいい人の特徴に「根本的な能力」に長けていることがあります。この能力には、「気づき」と「思考力」、そして「処理速度」といわれる力が必要になってきます。

ちょっと言葉が難しいので、説明をしていきます。

○気づきの力～PCのスタートボタン

「気づき」は、「着眼点」と言い換えることができます。また、「ひらめき」も同じです。ただ、なぜそれを抽象的に「気づきの力」と表現しているかといいますと、「あ、そうか」と言えるかどうかを表すためです。もちろん自分が問題を見て、自分で気づいて、ひらめいて、着眼点がしっかりして解ければいいのですが、それ以前に、答えの説明をしても、答えのキーポイントに気づけない子が多いのが現状です。

そういった子たちが、今、増えていますし、例えば間違い探しをしても、間違いがどこにあるのかに気づけない子も増えています。指摘されてようやく「あっ間違いなのね」と無関心な感覚で気づく。そして、同じ間違いを繰り返すという悪循環。

つまり、「気づきの力」とは、そういういろいろな点での気づき方を総称しています。この気づきの力というものが、まず思考力のスタート地点にあります。つまり、パソコンを使う時、「この資料を考えるにはパソコンの力が必要だ」と気づかないと始まりません。つまり、パソコンに置き換えると、使うことに気づき、動作を開始させる「スタートボタン」ということになります。

みなさんのお近くに小さいお子さんがいらっしゃれば、「間違い探し」のクイズは能力づくりに効果的です。それを遊びの中に取り入れられることをお勧めします。

○思考力～PCを使う人間の力

「思考力」と総称していますが、思考の手法により、数種類に分かれます。次の章にてそれぞれの説明はしていきますので、まずは概略をイメージしていきましょう。

この思考力とは、現代社会で注目されている「問題解決能力」そのもののことです。

では、この問題解決能力とは何か。世の中に出たら会社での業務において、特に人と関連する業務になると、マニュアル通りにいかないことが当たり前で、自分が何か壁にぶつかった時に、それに対してどう応じるか、という力を問題解決能力といいます。

社会に出ると、正解が提示されていない「問題（トラブル）」に直面することが多々あります。そのトラブルに巻き込まれた時に、どう思考するか、どう筋道を立てるかというところが問われます。

この力は、ただお勉強ばかりしてきた人たちには、備わり切れない力と言われています。

例えば、お医者さんに当てはめてみますと、私は二〇〇五年、突如病に冒されてしまいました。その時に、たくさんのお医者さんに会いましたが、病気を見つけてくれませんでした。どの病院に行っても同じように血液検査ばかりで、それを見て「あ、異常ないですね。様子を見てください」と言われ続けました。異常があるから病院に来ているのですが……。しかし、「異常がない。だから様子をみてください」と言われる日々。何軒も病院を回ってもそうでした。

どうして違う検査法を試してみようと思ってくれないのか。あまりなじみのない症状だったので、お医者さんたちもデータから診た「前例」がなく、自分の範疇《はんちゅう》にはない症状だから、データが出ないと分かりませんということだったのでしょう。

その後、妻が探し出してくれた大学病院の先生に出会えて、その先生がようやく私の症状を理解してくださり、治療が始まりました。そして入院から二ヶ月で無事に仕事復帰することができました。

もしあの先生に出会わなければ、私はあの時に死んでいたかもしれません。

ただお医者さんになればいいとか、ただ弁護士になればいい、というゴール設定ではなくて、やはりそこに視点を当てるだけの問題解決能力がないと、自分が携わった人を犠牲にする可能性があります。だから、この思考力（問題解決能力）という力が社会で求められているの

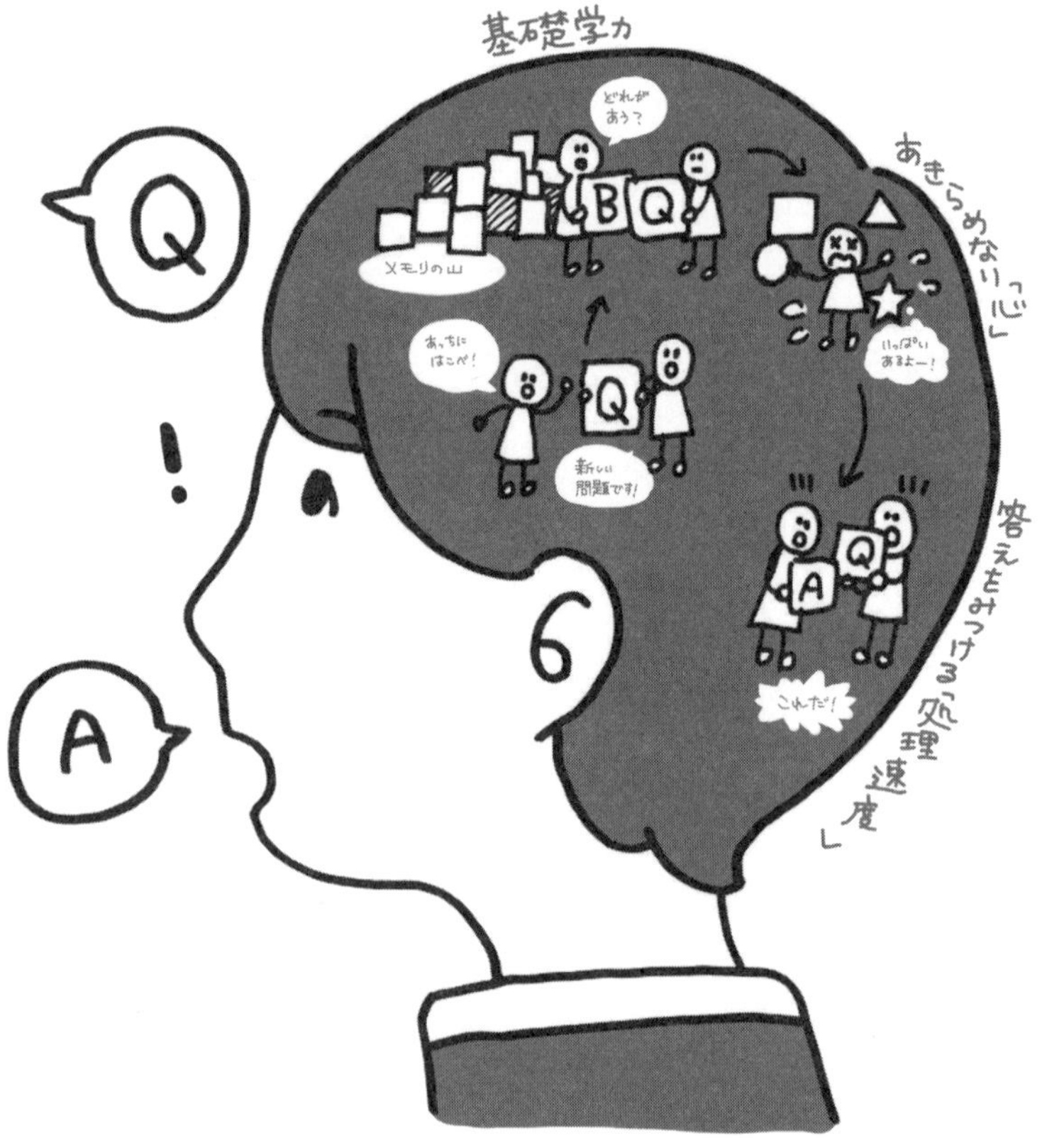

パソコンと人との相互関係

です。

この力をトレーニングでレベルアップさせる時のポイントは、問題が見せている世界観の中で、「なぜその答えになるか?・」を要求するような仕組みになっているので、その問題の「法則探し」や「過程を展開する力」を意識することです。

問題には必ず、法則があります。単純であろうが、そうでなかろうが、何かしら法則があります。その法則に気づけたかどうか、もしくは、それをしっかり展開できるかどうかによって、答え方が変わります。自分の「これしかない」という思い込みをどう外せるか? もポイントです。

これを、筋トレのようにガンガン問題を解いて力をつけようとすると、思考力というものは育たず、単なる「解き方」の知識だけがハードディスクの中にインプットされていきます。いくらハードディスクにたくさんの知識がインプットされても、それを活用するためのソフトがいくら充実していても、使う立場の人間がそれを活用できないと何も生み出せません。いろいろな経験を通じて、知識や性能を利用できる思考を開花させていきましょう。

○処理速度~PCのメモリー

これは、その名の通り「スピード感」です。的確にスピーディーに物事を処理する力のことです。

「考える」という行為をしている時に、ただ単に、やみくもに頭から自分の知識、経験を引き出すのではなく、整理して引き出せる力があれば、思考する時がラクになります。

許容範囲を膨らまし、巧みに知識を出し入れする。そしてどう組み合わせればスムーズに物事が動くのかを整理するのです。これがパソコンのメモリーの部分で、容量が備わっていないと、うまく機能できません。

「気づきの力」「思考力」「処理速度」、これらの三つを「根本的な能力」と定義します。

これらは、科目学習だけでは身につきにくいものです。本来なら、算数で身につく力ですが、限られた時間の中で教科書を進めていくとなると、どうしても先生方はある程度の導きと説明を入れた授業をしていかないと、カリキュラムを消化することができません。その結果、子どもたちは自然と「受け身」になりがちで、言われたままの使い方や考え方を繰り返し練習していきます。そうすると、素直な子ほど習ったことはできるようになるのですが、その本来の意味が理解できていなかったり、法則が見えていなかったりするので、問題をひねっただけで「こんなの習っていない！」となり、解けなくなります。

だから、実際は、科目学習で身につけてほしいのですが、科目学習が本来の役割として機能していないので、確かなトレーニングが必要になってくるのです。しかも、子どもが受け身にならずに、主体的に動きながら思考を展開できるようにしなくてはなりません。

特に子どもの脳は、基礎学力がある程度備わっていて、根本的能力を整え、そして後から出る「こころ」が動いていれば、当たり前のように本来の力を開花できます。

▼▼▼こころ（EQ）が「力」を整える！

どんなに高性能なパソコンを持っていようとも、どんなに最新のソフトウェアが備わっていようとも、使う人がプランニングできないと活かすことができません。使う人の心次第で、パソコンの機能が活かされないのです。実は頭のいい人の共通項の重要ポイントはこの「心の持ち方」にありました。

せっかく手に入れた高性能パソコンでも、せっかく身についた最高の能力を持っていたとしても、使う人間の「動機」が不純であれば、それは犯罪の道具になってしまいます。動機が備わった「心（ＥＱ力）」がある人たちの特徴をひもといてみましょう。

間違いを恐れないチャレンジ精神

今の子たちは、初見問題がくると、逃げる傾向が見受けられます。「無理、無理！　そんなのできっこない！　そんなの習ってないからできないよ！」と、最初にそのような心で問題に入っていく子がいます。そして、問題文がちょっと長いと、「ああ、難しそうだからできない」となっていきます。問題に負けていると、解けるはずの問題も解けません。

しかしそこにある要因の一つは、親が作った一つの習慣なのです。

親が、その子が転ばないように、失敗しないようにと、あまりにも用心して「育てている」と思いながらコントロールしているから、その子自身で思考する、考える力を持てていないのです。そして、その問題に自分が向き合ったときに、「ん？　この問題は、自分に何を問いかけているんだ?」というふうに冷静に問題と対話ができていないのです。

人の成長の大事なポイントに「失敗の仕方」があります。失敗から生まれる気づきと発見が成長ポイントです。

失敗すると悔しい思いでいっぱいになりますが、その悔しさを二度と経験したくないと思って次にチャレンジする人、失敗を恨まず冷静に受け入れる人が、次のステージに上がる階段の一歩を踏み出します。失敗を恐れず、経験を積み重ねましょう！

しかし、同じ過ちを繰り返してはいけません。その悔しさから何かを学ぶ「思考」を手に入れていきましょう！

自分の立ち位置を受け入れる謙虚な心

謙虚というと「いえいえ、私なんて」と「へりくだること」ととらえてしまいます。しかし、そうではなくて、「自分を高めるための謙虚な心」という理解から入りましょう。

例えば友達同士で対戦ゲームをする際に、自分が勝てない時に、勝てない相手に対して、どう自分が意識を向けるか。「コノヤロー。ミスしやがれ!」と思うのか、「あの人のようになりたい」と思うのか。後者の「あの人のようになりたい」「あの人に近づくにはどうするか」と思うのが謙虚な心なのです。

例えば、自分が尊敬する人のようには「とんでもない、なれない!」と思えば、そうなる可能性はゼロ。しかし、「近づきたい」と思えば「1」。1あれば、経験を積めば、二倍、三倍……と倍数で広がっていきます。一回、二倍になって「2」になって、それが三倍になれば「6」になって。

逆にもし「なれない」と、最初から否定し続けたら「0」であり、何倍しても「0」のままで成長しません。これは足し算ではありません。倍で広がるかけ算の世界です。

このように「なれない」と自分で意思せず、あの人に「近づきたい」「ああなるには、どうすればいいんだ?」と味わい、焦点の合わせ方次第で、自分の「今」にあきらめを抱かず、なりたい自分に近づこうと意思することが「謙虚の力」です。

否定ではなくて、その中の一助、役割を見つけてそこを伸ばす、それを自分の長所、得意として伸ばし続ける。その繰り返しに謙虚な力で挑めば、その人なりの力を積み上げられるのです。

人の意見を聞き入れられる素直な心

以前携わった生徒のお話です。

普段は素直に見えて、挨拶もしっかりできて、受け答えはハキハキしていて、学校でも生徒会の副会長という生徒がいました。

その生徒は学習中に講師とのやり取りの中で、答案にペケをされた時に「君、これ、間違ってるよ。こういう考えだよね」と講師から言われると、「え〜っ!? ホントですかー？」とリアクションが返ってきました。その後、講師が「ちょっと待て。何で私がキミにウソをつく必要があるんだよ」と毎回のようなやりとり。

この生徒は普段しっかり勉強しているようなのですが、全く得点が伸びないまま、中学三年の一月となり、公立高校受験まで二ヶ月を切りました。そして一月の面談でなんと泣き始めたのです。この先は、その時の会話です。

生徒A「先生！　なんで僕は伸びないんですかー？　精一杯がんばっているのに。正月も一生懸命、勉強したんですよ〜！」

私　「うーん、キミが間違いに対しての気づき方を素直に受け入れられないからじゃないかな？」

生徒Ａ「え～？　僕は素直じゃないんですか？　じゃあ、どうすればいいんですか？」
私「とにかく、先生たちが言うことに対して、『ああ、なるほどですね』と言うようにしてみて。そしたら良くなるよ」
生徒Ａ「え～っ!?　ホントですかー？」
私「……まぁ、まずそれを一週間実践していこうよ！」

そして、その直後の授業中から、本人は心の中では思っていないようでしたが「ああ、なるほどですね」と言うようになりました。そうすると、一週間で実力テストが二十点伸びたのです！　今まで全く伸びなかった生徒が……。

これは極端な例ですが、人がアドバイスしてくれたことに対して、まず受け入れる。自分の意見と違うことだったとしても、シャットアウトではなくて、一度頭の中に入れるのです。「なるほど、そういう考えもあるんだ」でいいのです。そう受け入れた上で、次に試してみる。何度か試して自分の中で答え方、味わい方を消化して、自分の今の生き方に合うかどうかを考えればいいのです。その後で自分なりの手法に変えていく。

「型に入り、型を受け入れ、型を出る」

風姿花伝（世阿弥の世界観）の精神です。

人は生きていると、思いもよらない出来事が降りかかってくることがあります。しかしそれは、何か意味があって訪れた出来事であり、何か意味があって届いた言葉なのです。

それをなぜ、門前でシャットアウトするのか。もったいないですね。抗《あらが》わずに素直に受け入れてみる。その後に使う、使わないは、本人の自由だと思いますが、一回、受け入れられるかどうかというところが「素直さ」です。

「小さな出来事でも感動できる感謝の心」

感謝の心を表す代表的な言葉は「ありがとう」。

しかし、この「ありがとう」が言えない子に数多く会ってきました。してもらうことが「当たり前」と思って生きている子、それはやはり親がそうしているからですが、「ありがとう」が言えない子は、それが「当たり前」で生きているので、「気づきの力」も備わっていません。

「ありがとう」が言えないということは、物事の変化に興味がない、そして小さな感動も生まれてこないことにつながっていきます。感謝の心がいっぱいの子たちというのは、何事に対しても、意識の向け方が優しいし、道具や人に対して味わいが深いですね。

普段の生活で何気ないことと思われる出来事でも、味わい深く受け入れるのがこの感謝の心であり、微妙な変化に対する気づきを持って生きていけます。だから、そういう子は少しずつですが成長していけるのです。

では、子育ての上で、または自分自身でこれをどうやって身につけていけるのか。それは自分一人の世界にいては身につけられません。「人」の力が必要になります。

それは、その人のがんばりを評価する周囲の余裕と応援なのです。何かチャレンジしたことに対して、周囲の人がまず「よくがんばったね」と言えるかどうかがポイントなのです。

「手助け」ではなく「応援」

実際、これらの力というのは、お母さんやお父さんや周りの人の「応援」が必要です。「手助け」ではありません。

周りの応援さえあれば、その人は、その人なりにチャレンジしようとしていきます。

この、「間違いを恐れないチャレンジ精神」の中にも出てくるのですが、失敗体験を繰り返さないと、人は成長できません。もちろん、ただやみくもに失敗しても身になりません。「失敗するための成功」を学ぶだけです。

失敗体験を繰り返したときに、「なぜ、あなたはそうなってしまったんだろうね」という、周囲の人からの一言ずつの問いかけで、「実は自分はこう考えたんだけど、できなかった」と、失敗した人は言えるようになっていきます。これは自分を守る言い訳ではなくて、行為そのものに対する論理的な説明のことです。そこにもう一つのエッセンスとして、「じゃあ、次、こうやったらどうなの？」と問いかけると、次にどうすれば失敗しないかの思考が始まります。これが失敗体験を成功につなげる法則です。この循環が失敗を成功に近づけていく手段なのです。

ところが、失敗した子に対して保護者が、「ほら、だから言ったじゃない！　なんでそんなことするの⁉」と圧をかけている場面をよく見かけます。そうすると子どもは、「これをすると怒られるから、もうしない」になってしまいます。失敗したときにこそ、「なぜそうなったの？」と周囲の人が言ってくれるか、もしくは、考えさせてくれる度量をも持っている周りの人がいれば、子どもは「次、こうしてみよう」と、意識できますよね。

私が携わっている生徒に対しては、いろんな角度から失敗体験をさせます。テスト前であろうが、ボケーッとしている子がいたら、全体的には「それでいいのか？」と話は伝えます。また、「こういう行動計画、どうなんだ？」という提案も見せます。それでもボケーッとしている子は、やっぱり結果が出ません。

そこで、「ヤバイ、怒られる！」と、失敗した子はソワソワし始めます。「じゃあ、なぜ最初に気づかないの？」という話を入れるのです。涙目で聞く生徒はすぐに結果が変わります。目線が「親に叱られる」しかない生徒は、時間がかかります。

しかしそれが、その子が成長するためのくせとタイミングであり、好き好んでその子がそういう意識を持ったわけではありません。要は、親の圧がその意識を持たせているのです。それを二年でも繰り返してようやく変わる子もいます。周囲は変わる時を「待つ」のです。これにはタイミングがあるので、見極める「眼」を周りの人が持つことが大切です。

このような学力に対する意識や根本的な要素、そしてがんばった子に対して「おお、がんばったね」の周りからの声かけが、「頭がいい」人材への変化を生んでいくのです。ただただたたき込む学習を強引に繰り返すと、その子の未来力は、つぶれていってしまいます。

可能性をいっぱい秘めた、大切な未来力をもった子どもたちのために、新しい視点で学びの意義を見つめ直してみませんか？

第三章
脳が活きる

イラスト・生見栞梨

▼▼▼ 伸びしろのある子の特徴

今が限界⁉

「いや、まだ先がある！　それが自分だ！」

小学生までは「神童」と言われていた子が突然、高学年、中学生になったら普通以下の成績をとるようになってしまうという現象。先ほどの章でも書かせていただきましたが、実際にそういった子たちがたくさんいます。

計算問題は誰よりも速いのに、文章題になると全然解けない。高校までは超進学校に通っていたのに、大学進学でうまくいかない。超難関大学を卒業したのに、就職活動がうまくいかずにフリーター人生……。人はどこかで成長の壁にぶつかる時がやってきます。自分のピークをどこに持ってくるかというスポーツの世界と同じです。

しかし、中にはそこが限界と思っていたのに、さらに力を発揮していく人がいます。それが〝伸びしろ〟と言われる部分です。伸びしろは、携わる教育、そして周りの人や経験によって変わっていきます。また、適性なものかどうかによって、自分が持っている本来の力を発揮できるかも変わっていきます。

ご自身の小さい頃から今の自分に至るまでを、少し振り返ってみましょう。果たして自分に適した能力を使って、そしてやりたいことができている「なりたい自分」になっていますでしょうか？　そもそも「なりたい自分」と自分の能力が合っているでしょうか。

この章では、私が出会った子供たちの中で、〝伸びしろ〟をもとに、大人になっても成長し続けている子供たちの特徴、そして今からでも遅くはない伸びしろの見方と育て方をお伝えしていきます。

▼▼▼ たった〝コレだけ〟で、あなたもお子さんもまだまだ自分を活かせます！

基礎学力を活用する問題解決力が高い人

計算問題は筆算しないと解けない、漢字も調べないと正確に書けない、字が雑。一般的には学力が低いととられがちなこういう子たちでも、中には潜在的な力を隠している子がいます。保護者の方は、ここであきらめることはありません。

その子たちがテレビ番組などでたまに出されるクイズ系を解けるかどうか、試してみてください。正答率が低い問題をすらすら解ける子は、きっとどこかで〝ヒラク〟人です。

「はいっ」が言える素直な人

前章でも出てきましたが、脳力が高い人のキーワードの一つが「素直さ」。この素直さの中には、自立心や向上心、探究心が旺盛だということもポイントです。

つまり、人が社会で生きていく時に、まずぶち当たる壁、「自分の常識と社会の常識との違い」に対しての向き合い方です。

たとえ同じ日本に住んでいても、地域性、ましてや家族（ご先祖）のルールが違っていて、自分の「常識」とは違った概念にぶつかった時に、「何かが違う……」というモヤモヤを感じてしまいます。そうすると、違和感をもたらした人や出来事を避けようとするのが人の習慣。しかし、この感覚は文化の違いであり、生き方の違いなので、「異質と思われることも受け入れてみる」ことが大切なのです。

また、「こういう意見もあるんだ」と受け入れた後で、「自分はどうできるんだろう？」などと分析して、まずは実践してみる。それを繰り返していくうちに、少しずつ見えてくる光（小さな成功体験）を広げていく中で、それまで違和感を持っていた世界が、自分にとって成長のために投げかけられた世界であり、大きな光が見えるきっかけになっていたと気づけます。その一歩が、受け入れる「素直さ」なのです。

笑いあり、涙あり、怒りあり　～自分の人生を味わった人の成長～

人生楽ありゃ苦もあるさ。

某時代劇を彷彿とさせる一節です。出来事に対して悩むのもＯＫ。悔しくて泣くのもＯＫ！自分の感情をうまく出せる人は、素直さがあるということです。この感情表現を「情緒」と言います。

ただ、この情緒は本能から出る感情とは少し違います。好き嫌いで出来事に反応しているのではなく、心で味わっているということなのです。その出来事に対して真剣に向き合っているから出てくる感情なのです。

問題が解けなくて泣き出した経験がある人。その泣いた原因を考えてください。怒られるのがイヤだから泣いたのなら、それは本能。自分が納得できなくて泣いたのなら、それが情緒。情緒で問題を味わうと、その問題が説き明かされた時の「感動」が、より倍増して味わえるのです。

一つひとつの問題に真剣に向き合って、大いに泣き笑いしてください。その先に「やる気」が芽生えてきますよ。

「私」を知る力　冷静な自己分析

幼い子ほど、自分の間違い直しを嫌がります。×をもらった問題を解き直すことから逃げようとします。

なぜそうなるのでしょう？　それは、答えを知りたい、否定されたくないという欲と本能に突き動かされているからです。理由よりも、プロセスよりも結果を知りたがるのです。

伸びしろのある人は、いろんな失敗や経験を通じて、時間がかかってでも間違えている自分を受け入れ、そしてどうすれば間違わないかを考えます。そのときに、抽象的に自分をとらえるのではなく、自分の立ち位置が理解でき、冷静に自分に何ができるかに向き合える人が、次のステージへ進めるのです。まさしく前章で述べた「謙虚な心」であり、プロセスに意識を向けるきっかけとなります。

答えよりプロセスを楽しめる。それがストレス耐性

塾慣れした子たちの特徴、それは「早く答えを知りたい、解き方を知りたい」という知識欲の強さです。

しかし、もちろん知識欲は評価されるべきポイントではありますが、知識欲の旺盛な人の大半が、プロセスの説明を嫌がります。「結論として、正解であればいい！」と思っているのです。

また、そういうタイプの人は、記憶を検索することも嫌がります。自分で記憶を検索したり、計算過程を書くことを面倒くさがったりする人は、ストレス耐性に問題があると言えるでしょう。

例えば、次の問題をやってみてください。これをイヤだと感じる人は、ストレス耐性が強くありません。「知りたがり」であり、受け身の人である可能性が高いです。

「ムリだ！」と思うことでも、まずやってみようと思えるかどうかがポイントであり、少し見えた光に対して、少しずつでも進んでいく勇気や心があるかが〝伸びしろ〟につながっていく

下《した》の□の中《なか》に一文字《いちもじ》ずつ入《い》れて、それぞれ言葉《ことば》を完成《かんせい》させましょう!
使《つか》える文字《もじ》は、ひらがな、カタカナです。
(5文字《もじ》づくりまではクリアしようね!6文字《もじ》を完成《かんせい》させたらすごいぞ！)

1「こ」で始《はじ》まることば

こ					
こ					
こ					
こ					
こ					
こ					

2「さ」で始《はじ》まることば

さ					
さ					
さ					
さ					
さ					
さ					

ストレス問題

のです。

これらを総括すると、「好奇心」がいっぱいで、自ら進んで行動する習慣がついている人に伸びしろを感じます。せっかくがんばって高校や大学に入っても、そこはあくまでも通過点。人生の始まりの始まりであり、社会に出て自分らしく力を活かしてこそ、人生の歩みが始まるというものです。

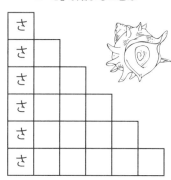

もちろん、それぞれの学校（小・中・高・大学）に行く意味はあります。決して「点を取りに行っている」のではありません。荒波を体験する場所、人付き合いや宿題との向き合い、時間の使い方などを経験する場所が学校です。

子どもにとってはその学年でしか経験できないことがいっぱいあり、大いに悩む出来事がたくさんあります。親からすると軽い出来事のように思えても、子どもにとっては一大事！　それを自分の力で、そして友達と協力し合って達成していく快感を味わうのが、学校に行く意味です。そして、小学校から中学校へ、そして高校へと進むにつれて、出会う人の範囲が広がっていき、その中で段階的に自分の力を高めて、社会の荒波を味わう心のゆとりを手に入れていけるのです。

つまり、どんな経験でも自分の糧とする伸びしろを手に入れることが学校生活の役割であり、単純に受験のために行く予備校とは立ち位置が違うのです。携わる教育者、保護者の視点が「受験のため」に偏れば偏るほど、学校での生活に対して子どもたちは意味を見失っていくのです。

まずは視点を変えてみましょう。自分の好奇心を活かしていきましょう。自分のやりたいことを高めていきましょう。そして「イヤ」と感じることにもチャレンジしていきましょう。

チャレンジしてみると、そこまでイヤなことではないと気づけるでしょう。食わず嫌いはもったいない！　青春時代の酸いも甘いも経験を積み重ねていくことが、十年後のあなたを作っています。味わってみましょう！

そんな心持ちになるために、意識を変えてみませんか？　しかし、そのためには、気合いや自分の意志だけではどうしようもないことがあります。「脳」の存在です。

では、自分の意志を作っている、そして伸びしろを広げる存在である、あなたの脳の活かし方について考えていきましょう。

脳の世界とホルモンの関係

脳は複雑。でも、これだけで活かせる！

脳の仕組みはまだまだはっきりとは解明されていない不思議な世界です。人の思考の原点、行動の規範はまだまだ科学的な証明に至っていないのが現状です。宇宙の成り立ちや法則を学ぶことと同じように、解明することが難解な世界です。

しかし、環境も身体もバランスが大切。私は脳科学の専門家ではないので、薄い知識しかありませんが、脳の活かし方に関する法則と重要な規則性は、教育現場の経験や自分の人生の振り返りの中で理解できたことがあります。ここでは、専門的な説明ではなく、バランスを意識した説明をしていきます。

○右脳と左脳と前頭葉

まず、脳の仕組みをお伝えします。

と言いましても、脳を右脳と左脳、前頭葉の三つに分けて、活用法をお伝えするだけです。

一つ目が右脳。ここは、知識を収納する部屋です。きれいに整理されているのか、無意識で

通常の脳

考えている脳

種類ごとに収納されているのかが、活用のポイントです。そろばんが右脳トレーニングに効果があると言われていますが、そこに根拠があるかは分かりません。

そろばんと言えば、フラッシュ暗算の力が注目されています。コンマ何秒で十個の数字の変化を即座に理解して、足し算やかけ算などが計算できる力です。私にとっては人間技ではない、マジックのように見える素晴らしい才能をお持ちの方々と尊敬しています。しかし、フラッシュ暗算の能力に長けている人が、その力を社会でどう役立たせているかは定かではありませんし、事実、その達人のみなさんが様々な業界のトップにいらっしゃるかというと、そうではありません。あくまでも脳の一部分の力であり、これがすべてではありません。

そもそも右脳は、直感的な記憶を司る場所

なので、いかに整理できるかがポイントであり、無意識な感覚を広げるトレーニングが脳力アップにつながり、右脳を開花させると言われています。

次に左脳についてですが、左脳は「論理脳」といわれる領域で、自分の中で知識を行動や言葉に変換する場所です。表現力を司る場所なので、経験をていねいに積み上げることで高めることができると言われています。問題を解いた際、解説を考えることが大切なトレーニングとなります。

しかし、この二つの脳はそれぞれを意識しながら普段から使っているわけではないですし、記憶力が高いからといってその力をうまく使っているかといえば、そうではありません。

脳は自分の持っている知識や経験をどの場面で対応させるかが役割であり、この右脳、左脳、その他細かい部分をバランス良く使うことが大切です。

その指令を出しているのが、両脳の前部にある前頭葉と言われる部分です。記憶したことをしっかり使う、コミュニケーションをとるための思考を論理的に展開する、そして感情に対して自制心を引き出す場所がこの部分です。

例えば、人は思い出したり考えたりする時、眉間にしわを寄せますよね。ここに前頭葉があり、前頭葉をフル回転しようとしてそこに意識が集中しているから、眉間にしわが寄っていくのです。また、感情が本能で出たり、理性で出せたりするのは、この前頭葉の働きにかかっています。

つまり、「私」の心の持ちようや表現の最終指令を出すのが前頭葉であり、感情が爆発すると見境なく行動するのか、行動をストップさせられるのかも、この前頭葉のつながりにかかっています。

また、意欲が湧かない、自分の居場所が見つからない、先のイメージが湧かないなど、気分が落ち込む人たちは、甲状腺機能亢進症や慢性疲労症候群、うつ病などの病気が原因となるケースもありますが、その要因の一つに、前頭葉がうまく働いていない状態もあります。

その背景にはホルモンバランスの問題も含まれています。脳をうまく働かせるには、脳の役割を理解し、そして脳をうまく活用するためのエネルギーが必要になってくるのです。

そのエネルギーの中でも、特に脳の活性化につながる三大神経伝達物質について、次にお伝えしていきます。

▼▼▼ 脳に届けろ！　三つのホルモン
～三大神経伝達物質

戦闘ホルモン　～ノルアドレナリン

動物の本能的な感情を生み出す戦闘ホルモンと言われるノルアドレナリン。生存本能の高まりを表し、とくにやる気を引き出すホルモンと言われています。

ノルアドレナリンが分泌されると、脳に適度なストレスが加わり、集中力や緊張感を生み出します。つまり、当初は「ストレス」と感じてイヤだ！　と思っていた出来事を学習し、それに慣れていくことにつながるのです。

人前で発表する時、緊張して言葉も出なかった人が、経験を重ねることで、場に慣れていくケースがそれにあたります。ノルアドレナリンは、多すぎると闘争本能が高まり、さらにアドレナリンの分泌を高め続

ノルアドレナリンのイメージ

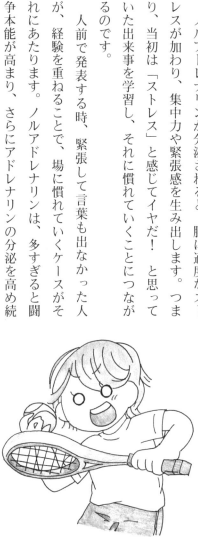

けていくので、興奮しすぎて自制が効かないほどに気持ちが高まりすぎることもありますから、注意が必要です。逆に足りなくなると、気持ちが高まらないので、判断力の低下やうつ病の原因につながります。

このホルモンをバランスよく分泌させるには、適度な緊張や興奮の環境を作ることです。簡単にできるトレーニングとして、人との会話や少し環境を変えるための小旅行などがお勧めです。

やる気ホルモン　~ドーパミン

ドーパミンは、別名「やる気ホルモン」と言われていて、快感から意欲を生み出すホルモンです。褒められたり何かを成し遂げたりすると出てくる「気持ちよさ」を繰り返したいという意欲がこれにあたります。人が好きなことに没頭し続けられるのも、このドーパミン効果とも言われています。また、人は好きなことややりたいことだと理解力が高まりますよね。「好きこそ物の上手なれ」の心がドーパミンそのものの作用なのです。

その気持ちよさを報酬（ご褒美）ととらえると、人はますますやる気になります。しかしそれには限界があります。「テストで八十点取ったら、ゲームソフトを買ってあげよう」「テストで一〇〇点取ったら新しい犬を飼ってあげよう」と、保護者はありとあらゆるその子のやる気を探して餌まきを繰り返します。

しかし、幼少期からそれを繰り返すと、ある一定時期からそれに慣れてしまい、やる気が生まれなくなっていきます。

やはり、お小遣いやボーナスではなく、「やりがい」ととらえることで、どんなことにでも熱意（努力）が出るようになります。さらなる高みを目指せるやる気を生み出せるようになるのです。報酬の与え方を考えないと、ちょっとしたことでは、ドーパミンが反応しなくなります。

ドーパミンのイメージ

ただ、ドーパミンが多く出過ぎると、物事への執着につながり、依存症を引き起こしてしまいます。逆に足りなくなると、無気力を引き起こし、身体を動かしたくなくなります。ドーパミンをバランスよく分泌させるには、小さな感動体験を積み重ねることです。簡単にできるトレーニングとしては、絵画や音楽など芸術に触れることがお勧めです。小さな感動体験の積み重ねが、ドーパミンのコントロールにつながっていくのです。

幸せホルモン　～セロトニン

セロトニンは、「幸せホルモン」とも言われている、心の安定や安らぎを与えるホルモンです。腸の状態や記憶力、学習効果にも影響を与えるもので、セロトニンが前述のノルアドレナリンやドーパミンをコントロールしていて、心のバランスを整えています。

多すぎると興奮や緊張状態が強くなり、頭痛やめまいの原因となりますし、逆に足りなくなると、やる気が起きない、イライラする、キレっぽい、疲れやすいなどの症状が出てしまい、うつ病やパニック障害などにつながっていきます。

セロトニンをバランスよく分泌させるには、早寝早起き、日光を浴びる、リズム運動、よく噛む、などがあげられます。簡単にできるトレーニングとしては、前述を総合すると、ガムを噛みながら朝日を浴びて散歩することが、セロトニンの活性化につながります。

このように、脳とホルモンの関係をイメージしながら、最終的な「脳の活かし方」を考えてみましょう。脳を活かすには、いかに問題解決能力を使えるかということ。そこで、思考力をアップさせる方法論をお伝えしていきます。

セロトニンのイメージ

▼▼▼ 思考力をアップさせるには段階があった！

～あなたの「思考」の育ち方

〝考える〟のスタート地点　～着眼力

前章でもお伝えした「気づき」の力。出来事や問題の中から法則や規則性を見つける力のことで、ここがパソコンを使うときの「スタートボタン」のようなものなので、スイッチが入らないと思考が始まりません。だから、「考えることのスタート地点」といえるのです。

また、生活の中で、どれだけアンテナを張って生活しているかも、この気づきの力。私たちが生きているこの世界には、自分らしく生きるためのヒントやキーワードがたくさん転がっています。そこに気づけば、自分にとって、またはトラブルに対しての問題点や修正点が見えてきます。そこに気づけないと思考は始まりません。

この気づきの力と言われる「着眼力」を育てるトレーニングはもちろん存在します。前章で少しご紹介しましたので、思い出せない方は復習の意味も込めて、前章にある答えを検索されてみてください（六十二ページ）。

頭にある知識を探す力　～記憶検索力

思考にスイッチが入ったら、思考ポイントを検索していく力が必要になってきます。まず頭に入っている情報をていねいに絞り出そうとしていくのです。脳の仕組みの中でお伝えしましたが、せっかく記憶している情報でもうまく取り出せないと役に立ちません。たとえ問題点に気づけたとしても、自身で持っている知識を絞り出せなければ、次に進めないのです。

記憶した知識を整理して思い出す力がこの検索力。では、ちょっとあなたの検索力を試してみましょう。

例えば一分間に次のものを思い出して、ノートに書いてみましょう。

「赤いもの」をなるべくたくさん思い出してみましょう。

（制限時間一分）

終わったら次のページで答えをご確認ください。

※解答例

リンゴ、イチゴ、サクランボ、トマト、パプリカ、梅、バラ、椿、もみじ、チューリップ、消防車、フェラーリ、夕日、東京タワー、ポスト、「止まれ」の標識、口紅　など

いかがだったでしょうか。この解答例には特徴があります。

実は、分類分けして、記憶を検索しているのです。まず果物。そして野菜、花、乗り物、建物などの順で連想しています。思い出そうとしてバラバラに記憶を検索するより、分類分けして思い出した方が効果的です。

分類分けはこのような手法でもいいですが、ほかに形や大きさで分けるなど、様々な方法があり、それがその人の検索法の特徴になるので、この解答例の分類分けがすべて正しいわけではありません。ご自身の検索スタイルをたくさん築かれることをお勧めします。

また、この解答結果から、次のことが分かります。

◆一分間で思い出した数が四個以下

頭が疲れているか、ストレスを感じている状態です。判断力が鈍っているから、心と頭に休息が必要です。また、悩みを感じている場合は、信頼できる人に相談して、頭のモヤモヤを解消しないといけないレベルです。

◆一分間で思い出した数が五個以上八個以下

頭は働いていますが、検索力が高いとはいえません。日々トレーニングすることをお勧めします。思い出せなくてもいいので、頭を使いましょう。思い出せなければ、人に尋ねてみましょう。聞いて「あぁ、そうか！」と思うだけでも大切なトレーニングになります。

◆一分間で思い出した数が九個以上

検索力がとても高い人です。脳に過度なストレスもなく、検索能力も備わっていて、脳内が充実しています。もしそれでも自分が「まだまだ」と思っている人なら、次のステージへ向かう力が高い人です。

この章の伸びしろと脳のしくみのところでお伝えしていますが、この種の問題を面倒くさがる人は、ストレス耐性と問題解決能力そのもののバランスに、少し難が見受けられます。面倒くさいかもしれませんが、答えが出てくる「あぁ、そうか！」を体験すれば、ワクワク感に変わり、プチ成功体験を脳内に刻んでいけます。

プロセスのエネルギー　～ストレス耐性

何度も登場しますが、成長にとても重要なキーワードがこの「ストレス耐性」です。小さな一筋の光を実感し、その光の先にあるものにたどり着くために、あきらめずにゆっくりでも進める力のことです。

「あきらめ」を起こさない、自分を活かす重要なポイントであり、思考を育てる礎になります。「この先に何かある」と何かをつかむ力を身につけていくという発想をもとに、トラブルや問題に対処するといいでしょう。

また、パズルや模型の組み立てなどをていねいに進められる人は、この力が強いと思われます。前述の記憶検索問題の解き方にもつながってきます。

法則を探す思考力　～判断推理力

「判断推理力」は、物事に対して推論する力です。公務員試験や法科大学院の試験に多数出題されます。

高校数学Aのような出題も多いですが、そもそもなぜこの力が必要なのでしょうか。それは、表面化していない法則を見つける力がこれに当たるのです。

一般社会は、セオリー通りにいかない問題だらけ。そのセオリーを「社会通念上」ではなく、自分で探さないといけないことが多いのです。その法則を自分の論理で作り上げることがこの力であり、問題解決能力を完成させていく上でのポイントとなります。

物事の規則を見つける！　～数的処理力

判断推理力に似ていますが、問題の背景にあるポイントの中から規則性を理解し、論理的に展開する力が「数的処理力」です。数字を展開する力も要求されるので、事務処理能力の高さもこの中から見分けることができます。公務員試験にも多く出題されていますが、数字を扱う仕事の集大成と言っていいでしょう。

誤解しないでいただきたいのは、ただ暗算が得意ということではなく、見えないプロセスを頭の中で計算する力だということです。

見えない部分も見えるように！　～空間認知力

「空間認知力」は、一般的には立体図形の展開図や切断面の理解と言われていますが、それは「暗記」で処理できるので、本来の空間認知力ではありません。

そもそも「切断面が見える」や「体積の求め方が得意」という意味ではないのです。それはテクニックや練習で〝見せかけ〟の学力は作れます。空間といえども「平面」も含まれますが、これは、様々な角度から、見えない部分も想定して構造を理解できる力のことです。

平面は次元でいえば二次元。立体は次元でいう三次元。二次元には二人称までしか感覚が存

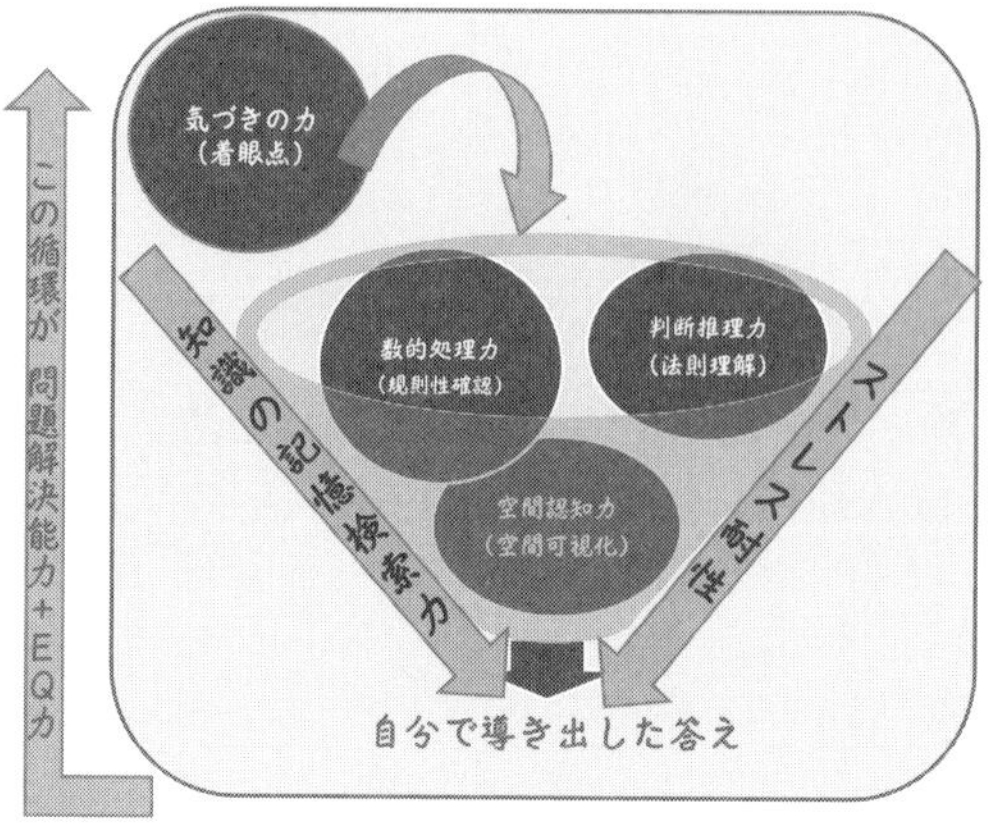

問題解決力のイメージ

在しません。一人称はＩ（私）の世界。二人称は私とあなた（Ｉ＆ｙｏｕ）の世界です。三次元になると、そこに第三者（三人称）が存在するという意味になります。立体図形が得意な人はコミュニケーション力が高いと言われる意味もそこにあり、第三者の立場も理解できる力なのです。

この空間認知で大事なことは、平面でも空間でも〝見えない部分をどう頭の中でイメージできるか？〟ということで、しかも、その見え方一つで、この力を善意的な展開にできるか、悪意に満ちたイメージにしてしまうかに分かれます。

頭のいい犯罪者はこの力に長けていて、巧妙な罠を仕掛けることができます。しかし、その先に自分がどうなるかという法則、つまり判断推理する思考が育っていないことが多いため、犯罪を我慢できないのでしょう。

ＥＱ力の決定版！　～問題解決能力

　ここでお伝えした力を循環させながら自分で答えを導き出し続けることが、思考力、つまり「問題解決能力」のトレーニングになるのです。

　普段の生活から、そして学習している場面から、この法則や仕組みをイメージしながら生活してみませんか。そしてこのサイクルを無意識で習慣化できれば、実社会で役立つ力となるのです。

▼▼▼ 現代っ子の学力は本物？

ドリルをすれば活用力がつく？　～全国学力調査（とくに小学校算数）から見えること

文部科学省が毎年、小学六年生、中学三年生を対象に国語と算数の全国学力調査を実施しています（数年に一度、理科やその他の調査もありますが、ここでは国語と算数に特化してお話を進めていきます）。

それぞれにA問題、B問題とあり、A問題はその科目の基礎基本問題、B問題はそれを活用できるかを試す問題が出題されます（二〇一九年度から合体型のテストへ改訂）。

このテストの結果は、毎年同じような傾向にあります。国語問題ではA、B両方の間に大きなギャップは生まれませんが、算数では大きなギャップが生まれます。A問題（基礎基本問題）は平均で七十五パーセントほど正答率がありますが、B問題（活用問題）は四十五パーセント程度となります。

このギャップは、基礎と基本の関係の理解不足によるものです。基礎はその問題のなり立ちの理解。例えば、かけ算のなり立ちは、足し算であることの理解が必要です。

「三人ずつ座れるいすが四脚あると何人座れるか？」という問題に対して、「3＋3＋3＋3」

を「3×4」に変換できるようになることが基礎力です。基本とはそれぞれの分野理解を確かめるための練習であり、つまり、かけ算の九九の練習などドリル練習のことです。これは運動トレーニングにおけるところの筋トレと同じです。後述が筋トレなのに対し、前述は体幹トレーニングと言えます。

仕組みが分かって仕組みを使うための練習をすると、基礎・基本の理解が深まります。それをどう活用できるかが問題解決能力であり、所見問題に対しての対応力につながります。

学力

どんな難解な問題でもすらすら解ける生徒がいます。その生徒にこう尋ねてみました。

「なぜこの難しい問題が解けたの?」

すると、その生徒の答えはこうでした。

「前、解いたことがあるから」

確かに解けたのだから、それはそれで評価できること。しかし、頭に入った知識でそれを解いたということであれば、それは記憶力が優れているだけの話で、試行錯誤力、問題解決能力ではありません。

次は、小学二年生の児童が、中学三年生で学ぶ二次方程式の計算を解いていた時の会話です。

私「キミ、そこの答え間違っているよ」
生徒「えっ!? こうだし!!」
私「ん!? なぜその答えだと思うの?」
生徒「だって○○の先生がこうだって言ってたモン!」
そこに、思考力(問題解決能力)は存在していませんでした……。

真の学力とは、自分が持っている知識を活用して、初見問題でもいろんな角度から取り組める力のことです。

社会に出ると、答えが簡単には見つからない、一つの答えではない〝問題〟がたくさんあります。しかし、自分が経験してきたことで、どうすればその先につながるかを見つける論理的な思考力が、〝自分なり〟の答えに導いてくれるのです。それが真の学力です。

現代社会は、知識はパソコンやスマホが教えてくれる情報社会。結局、それをどう使うかの活用力が現代の学力です。自分が生きてきた時間の幅と経験の量で、自分を活かす学力を身につけていく、この意識が教育業界から失われている気がしてなりません。

脳を理解して、問題解決能力のトレーニングを何気なく実践する。それはいつからでも始められます。せっかく手に入れられる力なら、学びに動機を持つことで、役立てていきましょう。

第四章
EQ力を活かす

イラスト・生見茱梨

▼▼▼ ＩＱや学歴で人を評価する限界

ＩＱ力の高い犯罪者たち

一般的に言われる「頭がいい」人の犯罪が、後を絶ちません。新興宗教に走り、人生を台無しにした人。人が苦しむ姿を楽しむために知能を駆使して、インターネット上に罠を仕掛ける人。知能がずば抜けていて、難関大学を出てもそういう状態の人が多い世の中です。

日本のテロ犯罪の歴史上、大きな衝撃を与えたオウム真理教の信者たちも、そういった人たちが幹部となり、無差別に人の攻撃に走りました。ＩＱがかなり高く「天才」と称された人たちに、こうなる事実が少なからずあります。

では、こういう人たちが犯罪に至る心は、どうなっているのでしょうか？ なぜせっかくの才能をそういう形で使ってしまうのでしょうか？

まず、勉強することで自分の知識取得、知識の実践をしたいと思う純粋な自己研鑽型で、「受験戦争」の中で個の戦いをしてきた人は、自分の力で社会に挑みたいと思う心が出てきます。しかし自分の存在意義だけで欲を出してしまうと、犯罪に走ってしまうことがあるのです。

また、勉強を積み重ねていった人たちが陥る「なぜ自分はここに生まれてきたのだろう？」

という自分探しに対して、自分を受け入れてくれない世の中への恨み、恥辱を受けた社会への復讐などが大きくなった結果、「暴走」する自分の力を止められなくなる恐れがあるのです。

一般的な犯罪者で、身近な人にその犯罪者の人物像を尋ねたときに多いのが、「普通の人でしたよ」や「あいさつもしっかりするいい人だったのに、まさか……」という声です。犯罪を犯す人が、表面だけでは分からない、肩書きだけでは分からない世の中になってきたのです。

これまで自分の能力を高めてきた目的は、何だったのでしょうか。人や自分を陥れるために苦学をしてきたのでしょうか。

「学習する」という行為への動機に幼さがあり、見当違いがあるのです。もちろん、社会的に「成功」を収めた人の方が多いのですが、その違いがどこにあるのか。この章では、苦学を自分の力に変えて、そこから大きく広がる感覚を心の内側に植え込む「ＥＱ力」について、お伝えしていきます。

人を観る方程式

人を観る眼は、観る人の動機や習慣で変わります。事実、学歴や肩書きだけで人を観たり、容姿で人を判断したりする人が多い世の中だからこそ、人的トラブルが増えていきます。

もちろん、自分自身も「私」を分かっているようで分かっていません。しかし、その感覚を「私」が端的に理解できるように見せた方がいらっしゃいます。

人生で結果を得ている人の方程式

そのお方、稲盛和夫氏はご自身の著作『ゼロからの挑戦』（PHP研究所）の中で、「人生で結果を得ている人の方程式＝能力×熱意×考え方」を表しました。

図にある言葉の中に、数字を当てはめることで、「私」の可能性を計算することができます。ここからは、この稲盛氏が表現した世界を解釈しながら、人生で結果を得た人の〝法則〟を読み解いていきます。

まず、方程式の一番目に書いてある「能力」とは、親や一族から受け継いだ先天的なものを言います。知能（IQ）や運動神経、健康な身体などがこれに当たります。センスとも言われますが、持って生まれたものなので、どうしようもないと思われていることがほとんどです。

しかし、習慣的な生活で、自分の能力と思っていた力でも、本来の能力を発揮できていないケースが多いのです。

つまり、自分では限界と思っていた「能力」でも、人には潜在能力があるため、きっかけを与えるトレーニングで、その力を引き出すことができます。トレーニングで、本来の潜在能力を引き出し、気づき、どう活用できるかがポイントです。

次に、方程式の二番目の「熱意」は、「努力」とも言い換えられますが、「やっても無駄」と思って何もしないのか、「とりあえず、やれるだけやってみよう！」と行動を起こすのか、意思するのかの根拠がこの項目です。


事例1）たとえ能力が平凡でも、「その気」があれば!?

能力	×	熱意	×	考え方		
50	×	80	×	80	＝	320,000ポイント

事例2）プラス思考でも、今やるべきことが見えていなければ!?

＝逃げる人

能力	×	熱意	×	考え方		
50	×	0	×	90	＝	0ポイント

事例3）たとえ能力が天才的でも、「やる意味」が違えば!?

能力	×	熱意	×	考え方		
100	×	10	×	−80	＝	−80,000ポイント

事例

現在、コツコツと情熱をもって今、目の前の問題に当たっているのか？　それを具体的に数値化すると、まったく行動が伴わなければ「０」、常に懸命に物事に当たっている場合は「１００」と言えるので、０から１００まで存在します。

そして三番目の「考え方」は、その人の心の底（魂）から発するもので、生きる姿勢そのもののことです。プラス思考かマイナス思考かがそれに当たり、「やっても意味ないし、どうせ勝てないし」とあきらめから入るのか、「どうせやるなら、失敗してもいいから本気でぶつかっていこう！」と開き直るかで違います。

自分の過ちや失敗を素直に受け入れられる

か。そしてその経験を「次に活かす!」と意思することができるのか。それを具体的に数値化すると、マイナス思考だと数値自体もマイナスの値で表示し、プラス思考だと積極性があると判断してプラスの数で100まで積み上げられるので、マイナス100からプラス100まで存在します。

いかがでしょう。ご自身のスタンスの確認に、少し使ってみてみませんか。

物事への挑み方　~能力を知り、能力を向上する

IQや運動神経は向上しないのでしょうか。

いえ、向上します!!

オリンピックを目指すアスリートのみなさんは、コンマ何秒の世界を縮めるための努力をしますし、そのための身体づくりもしていきます。IQや運動神経アップのために必要なことが、知識や知恵を知ることと、そのトレーニング（練習）法です。

熱意（努力）を無駄にしない

学校で行われる講演などで、「努力は裏切らない」「努力すれば〝必ず〟夢は叶う!」と子どもたちに言い聞かせるプロスポーツ選手や社会的に地位のある方がいらっしゃいますが、私は

いつもその表面的な言葉に疑念が残ります。

社会に出てまず実感したのが、一生懸命努力しても叶わないこと、届かない夢があるという現実です。つまり、先ほどの言葉を真に受けてしまうと、たった一度の挫折で子どもたちは自分を極度な否定感で観てしまい、「闇」に陥ってしまいます。

だから、その先に言葉が必要になります。

「努力しないと何も始まらない！」と。

せっかく努力するなら、無駄にならない努力をしてみませんか。どんな世界でも積み上げられる努力と、時間だけが過ぎ去る努力があります。糧になる努力と無駄になる努力です。これはそれぞれの分野で経験しないと見えてこないものですが、その失敗や挫折経験から見えてきた効果的な努力を続けることができれば、さらに前へ進むことができます。

そこで必要なことが、次の言葉です。

考え方をプラス思考に変える習慣化

「どうせ自分は○○だから……」を「こうすれば○○になるかな?」に変えてみませんか。

前述の方程式が示したように、意識をプラス思考に向けるだけで、結果が大きく変わっていきます。今の自分をあと少しだけ前へ進ませる。その「少し」ができるかどうかが、プラス思考に進化するカギなのです。

▼▼▼ ＥＱ理念

ＥＱのとらえ方　～そもそもＥＱとは「心の知能指数」

「ＥＱ」という言葉を聞いたことがありますか。

最近、会社の採用試験でも、「ＥＱ力検査」という名称で、応募された方の能力を数値化し、採用のポイントととらえている企業が増えてきています。

その子らしい力が発揮される要素には、このＥＱ力の向上が欠かせません。では、そもそもＥＱ力とはどんな力なのでしょう。

ＥＱは英語で（Emotional Intelligence Quotient）と表され、「心の知能指数」を測定する指標として注目を浴びています。また、感情と知能・知識、他人の心を感じるバランスなどを指します。

科目学習で培える生徒さんはいいのですが、ＥＱ力を自力で向上させることは、なかなか難しいレベルです。「私」の感情も入っているため、どうしても見分けることが自分では難しい領域ですし、他人から観た「私」をどう受け入れるかも、ポイントになるためです。

学習から育てていくと言っても、答え方を教えてもらって理解する力と、その先の思考を切り開く力は別物であり、ＥＱ力は後者の理解を求めています。

最近の公立高校入試では、どの都道府県でも「活用問題」が軒並み増えています。ただ暗記した知識、理解したパターンだけでは通用しない問題ばかりです。結局、高校ではそういう力が求められていますし、大学では「思考」がキーワードとなって講義が展開されるケースも多くなっています。講義のまとめも、レポートというケースがほとんどですものね。レポートに対して、「さっさと終わらせよう」と思って処理してしまうのか、「自分が理解したことをしっかり表現して、相手に伝えよう」と感じながら作業するのかで、その完成度にも違いが出てきますし、社会での業務もまさにその繰り返しと感じます。つまり、自分の気持ちだけでなく、相手の感覚にも意識を向けて、物事や対話をていねいに進めていくことが、このＥＱ力の指標につながります。

社会も即戦力として会社に入ってくれる学生を求めています。つまり言葉はあまり先行していませんが、「ＥＱ力」の高い人を探しています。この「ＥＱ力」をどう味わってもらえるかが、生徒さんたちのその後の伸びしろに関わってきます。

私はこのＥＱ力を子どもたちに体感してほしいという思いから、独自の学習法、理論を追究し、今でも教室で子どもたちに伝えています。追究し続けていると、私がこれまで携わってきた生徒さんたちとの触れ合いや理解の中で、ＥＱ力の成長過程につながりと順序があることが見えてきました。そして、ＥＱ力の発育段階を次の四つに分けてまとめてみました。

第一のステージ　自我の抑制　～それって今やっていいことですか？

人や生き物は、生まれながら中心核に「本能」を宿して生まれてきます。

本能の代表が「欲」です。ただし、欲は個人ごとに嗜好の差があります。その欲をうまくコントロールすることで、外部との接触、つまり他人との付き合いが始まります。これを「自我の抑制」といいます。

人は、相手が求めていないことでも、自分が求めているからやってみたいと、欲に走ることがあります。この「〇〇したい」を「今は違う」「それをやってはいけない」と〝ごく自然に〟制御しているのが、この第一ステージの感覚です。この制御が「私」本位か、他者理解の制御かで、大きく意味が変わっていきます。

「今は違う」「それをやってはいけない」、それは「〇〇だから」という論理で制御することを、このＥＱ力の中では求められているのです。

第二のステージ　自我との向き合い方　～これが「私」です

人にはその人なりのくせがあり、また、その人なりの「わがまま」があります。それを制御することも大切ですが、それをすべて否定しストップするのではなく、自分の「自我」を理解し、向き合うことも大切です。

自分を知る、自我と向き合うことは勇気のいることですし、見えたものと、自分の気持ちをすり替えようとする「私」との葛藤も起きるので、大変難しい部分です。しかし、ここが理解できないと、次のステージに上がる際、自分が思う世界観の中で、自我で他人のことも観てしまうため、ズレが生じていきます。

では、どうすればこの「自我」と向き合うことができるのでしょうか。「自我」を知ることができるのでしょうか。

その手法は、この本の中でたくさん紹介させていただいているので、ここでは省略させていただきます。

第三のステージ　思いやり　～それは、思考で行動する力

自分の意図と違う出来事が訪れた際、人は直感で反応してしまいます。この〝直感〟が自我であり、その人のくせです。

例えば、不幸にも大きな災害に見舞われた地域が発生したとします。そうすると人は「何かをしてあげたい！」と本能で思い始めます。この時に「いてもたってもいられなくなったから、取るものも取らずにとりあえず現場に向かう」という行動に出るのか、「まずは物資が足りないだろうから、食料や水を車いっぱい積み込んで現場に向かう」のか、「報道や被災者の

声に耳を傾け、必要なものを判断して行動を起こす」のか、いろんな感情が出てきます。そこに本能、自我、思いやりが垣間見えるのです。

思いやりとは相手を思うこと。ここに「してあげたい」が存在しているのか、自我を消して「相手がしてほしい」に意識が向けられるのかがカギとなります。

言動を起こす際、一呼吸置いて対応する力が、この〝思考で行動する力〟にあたります。犯罪に走る人たちの中には、「一呼吸」ができずに刹那に起こる感情で決断を下したり、行動を起こしたりしているケースがあります。これは、学習を進める上でも大切なポイントで、覚える学習ばかりが主流になると、この「思考」よりも先に「知識」で片づけてしまいがちです。そうすると、覚えた範囲内で行動を起こしていき、思考しているようで、実は知識がもたらした行動でしかないのです。

このズレが「学力偏重」といわれる所以《ゆえん》になります。相手に意識を向けるには、そういう場面でいかに「一呼吸」おいて、相手に意識を合わせていけるか、本章に出てくる「裏コミュニケーション」の力が必要になってくるのです（九十九ページ）。

第四のステージ　相手を理解する心　～相手と溶ける「ニュータイプ理論」

ここまでの三点の総まとめになりますが、自分が言動を起こす際に、相手を理解する心を意識することで、視点が変わってきます。

自我を嫌うことも、なくすことも必要ありません。ただ相手や出来事との触れ合いの際に「このことは私に何を投げかけているのだろう?」と意識することで、自己自我と他者自我との間に無意識のシンクロが起きるのです。

心理学者のカール・グスタフ・ユングが提唱した「集合的無意識」がそれに当たります。それこそがEQ力の根底にあり、その融和の鍵が「コミュニケーション力」へとつながっていきます。

実は、「機動戦士ガンダム」シリーズにそのような感覚が導入されていると思われます。

このガンダムシリーズは、ロボットアニメという分類では語り尽くせない世界観がありす。その根底にあるのが「ニュータイプ理論」であり、敵と対峙した場面で主人公の発した言葉「人は分かり合えるんだね」が如実に物語っています。

対立は主張から生まれます。しかし、そこには善悪でとらえる二元の世界は存在していないはずです。その主張の中で、相手に意識を傾け、相手との妥協点をそれぞれが紡いでいくことで、「意識の溶け合い」が始まります。自我ではなく、第三のステージで紹介した「思いやり」が根底に流れた意識の溶け合いが、集合的無意識につながり、社会全体に空気として存在していくと、主張し合っても妥協が生まれてくるのです。この溶け合いは、日常の中でも遊びの中で味わうことができます。

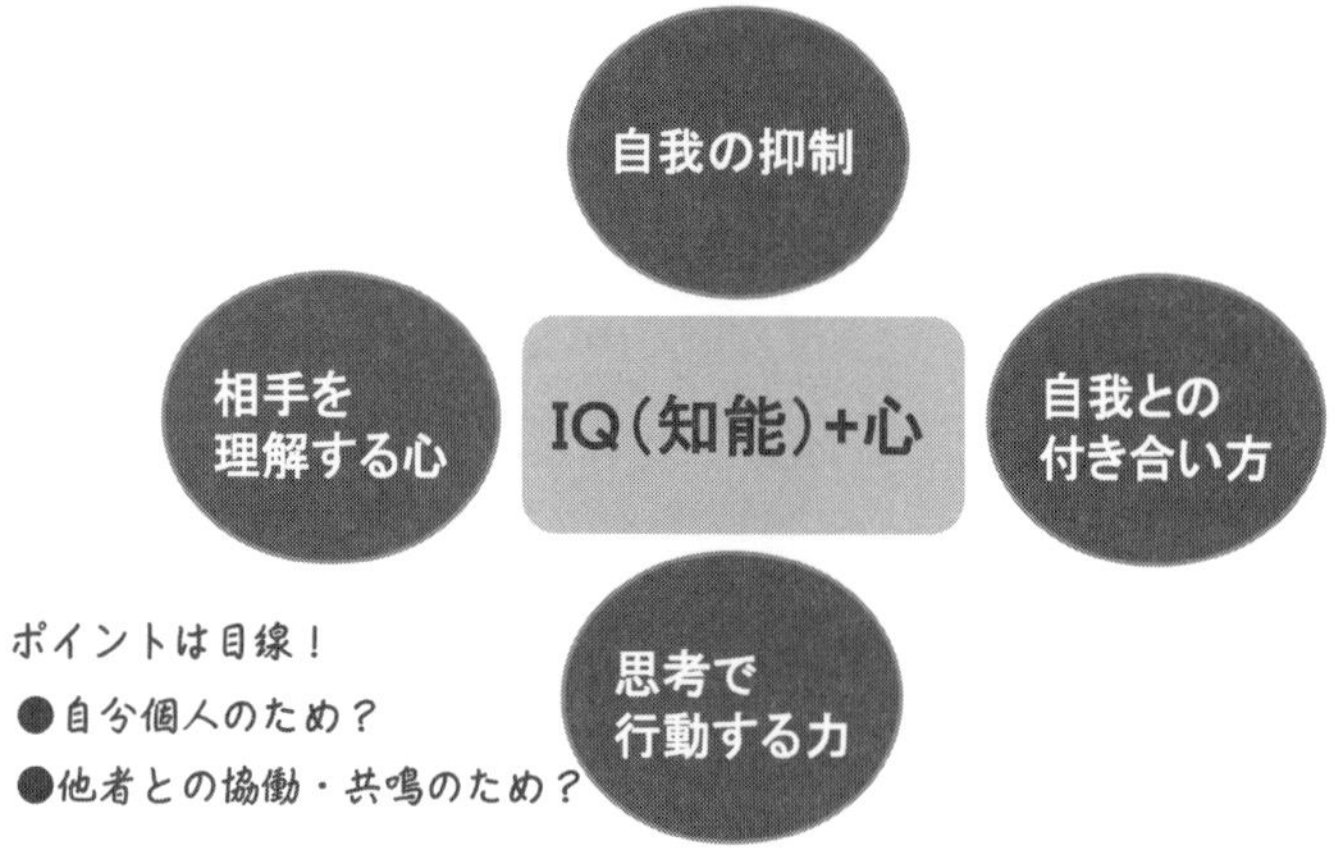
自我の抑制
相手を
理解する心
IQ（知能）+心
自我との
付き合い方
思考で
行動する力
ポイントは目線！
●自分個人のため？
●他者との協働・共鳴のため？

EQの定義

▼▼▼ EQの世界観　～自己理解力＋コミュ＋地頭力

前述の四段階をさらにトレーニング化していくために、ますます掘り下げて第一のステージからを具体的に見つめ直していきます。

自己理解力とストレス耐性　～自我のコントロール

ＥＱ力の成長過程の四段階でもお見せたしたとおり、「私」がどのような人間かをとらえることが、ＥＱ力成長の始まりです。

人の根底にある「本能」や「我」に対して、どのように向き合い、どのようにコントロールするか。これは、社会での立ち位置の理解にもつながるのですが、どうしても自分の立ち位置を自分で決めたくなるものです。しかし、集団の中で自分の役割を知ると、本来の自分の役割を理解して動くことができ、自分の特性を最大限に活かせるようになります。この発見する手法は次章以降で説明します。

つぎに、「ストレス耐性」という言葉を耳になさったことがあるかと思います。ストレスへの強さを表す言葉ですが、現代っ子はストレス耐性の低い子が多いことは、教育現場で子どもたちと直に接していらっしゃる方なら、気づかれている要素かと思います。

この要因は、子育て法や〝エセ〟コーチングにあります。結局社会に出て成功できるかどうかは、このストレス耐性が初期段階のキーポイントであり、学力が低くても、ストレス耐性が高ければ、どんな環境でも生き残っていきます。逆に学力が高くても、耐える力がなければ、どこに行ってもつまずきます。この章の最初に登場した人を観る方程式の「考え方」の部分につながります。

ストレス社会と言われる現代社会では、メンタル不調を訴える、または感じている会社員が多く存在しています。

厚生労働省の調査によりますと、メンタル不調を訴える割合は、大企業ほど多くなる傾向があると言われていて、従業員三〇〇人以上の大企業の約八割に、うつ病や気分障害などのメンタル不調で悩んでいる従業員がいるとされています。

メンタル不調は「本人の性格上の問題」と片づけられる傾向がありますが、大企業はある程度の学歴が高い方々が所属していると思われるため、結局学歴が高くても、ストレス耐性が低い人が多いという現実も表れています。

では、このストレス耐性をつけるためには、どのようなトレーニング法があるのでしょうか。

大事なポイントは、決してストレスから逃げてはいけないということです。

逃げてもまた同じような場面が必ずやってきます。そして、最後は追い込まれます。だからといって、ストレスと戦ってもいけません。戦うほど精神的に張り詰めていくので、逆に心が引き裂かれていきます。

ストレスとは、向き合うことが大切なのです。「先が見えない」と思っていても、先は必ずあります。それを私は「一筋の光」と表現しています。人生に真っ暗闇はありません。落胆している時でも、絶望している時でも、わずかながら光が差しています。その光へ向かうプロセスを一歩ずつゆっくり歩むことができれば、自ずとストレスとの向き合い方が見えてきます。

どん底から成長していった方々の物語に「V字回復」や「開き直り」などのキーワードが出てきます。どん底から成長していった方々は、まさに現状を受け入れ、そこから「私」と向き合い、ゼロからスタートする勇気を持って行動したのです。向き合い方は人それぞれですので、不安が大きい時は、決して独りで「私」や「闇」と向き合わず、ファシリテーター（伴走者）とともに、ゆっくり歩んでいっていただきたいと思います。

コミュニケーション力

コミュニケーションがうまい人というと、話し上手、聞き上手な人というイメージがありますよね。実際、コミュニケーション力研修と銘打った企業研修や大学内講義のほとんどが、相づちの打ち方、表情筋の使い方、声のトーンづくりや話し方の手法など、テクニック重視でなされています。

私は人材募集のため、新卒生を探して、たくさんの方々と接してきましたが、その面接の中で、とても違和感を覚えました。それは、みなさんが「同じに見えた」ということです。

つまり、話し方、表情などがあまりにも人工的に作られていて、全く個性を感じないのです。そういったテクニック論は、いずれ化けの皮が剥がれます。もちろん人前で話す大切な要素の一つなのでしょうが、それだけでコミュニケーション力といえるかは、疑問です。

実はコミュニケーション力というと、こういうデータがあるのです。まず、相手と上手に話をするコミュニケーション力は、コミュニケーション力全体の七パーセントと言われています。そして、相づちや表情などでコミュニケーションを円滑に進める力は、全体の三十五パーセントと言われています。

では、残りの五十八パーセントは何なのでしょう。実はこれが、「相手が何を言いたいのかを探る力」です。

交渉する力や、広報活動の力がこれにあたります。私はこれを「裏コミュニケーション力」と表現しています。文面を追いかけるとすれば、国語の読解論述力といえるでしょうが、会話は、聞いた言葉や相手の雰囲気から、瞬時に相手の意思を探らないといけません。それは、簡単なことではありません。

しかし、この力は、ゲーム感覚でトレーニングすることができるのです。一対一で対戦する玩具（例えばＥＱＬＩＮＥなるもの）を活用することで、勝利を意識すると我《が》が出始めて、相手の手を読むことを忘れますし、相手の手をうまく読み取り、相手の手を使うことで、勝利をたぐり寄せることもできます。この感覚をもって人と向かい合えば、相手の意識に心を合わせることがトレーニングできるのです。

思い込みではなく、感覚が開くトレーニングを実践することで、「ＥＱ」の力が芽生えてきます。これと学力が直結したら、素晴らしいことになるでしょう。

地頭力

学力とは違う本来の能力を、私は「地頭力（じあたまりょく）」と表現しています。「ＩＱ力」といっても良いのですが、ＩＱは生まれ持った力、または幼児期に形成される能力と思われていますよね。

では、地頭は成長しないのでしょうか？　いや、必ず成長します！

知識を詰め込む時代はもう終わりました。パソコンやタブレット、スマートフォンが普及したことで、検索すれば、知識は簡単に出てくるのです。これからは、「知識をどう使うか」という力が問われている時代です。

例えば、パソコン教室でパソコンの講座を学習したとします。基礎学習はそれぞれの言葉や操作方法を頭に描くために必要ですが、Ｅｘｃｅｌの基礎を勉強し終えたとして、何に使うか想像できているでしょうか。高度な関数やプログラムを覚えたとしても、何に使えばいいか思い浮かばなければ、使い道がありません。そして使わなければ、せっかく覚えた知識が頭の中

数《かず》を積《つ》み上《あ》げたピラミッドを完成《かんせい》させなさい。ただし、それぞれのマスに入《はい》る数《かず》は、真下《ました》にある２つの数《かず》の合計《ごうけい》です。

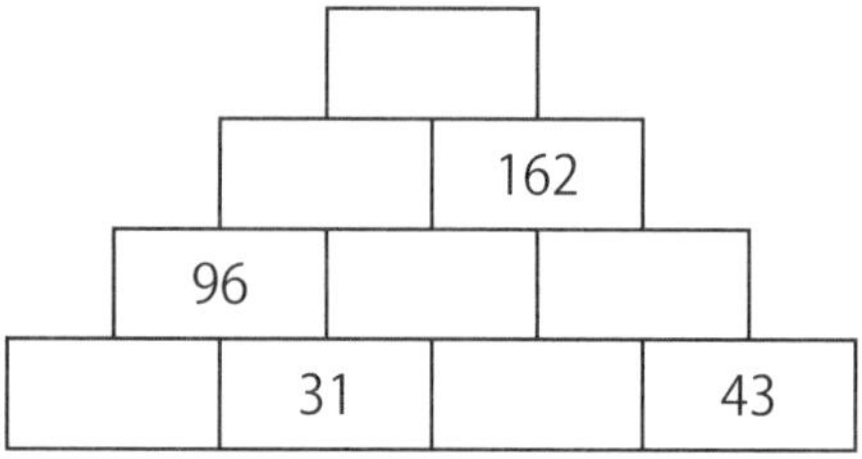

脳トレEQジムで出題されている足し算ピラミッド

から消えていきます。

前述の通り、情報社会が進めば進むほど、学習の根本も変わらないといけません。ここで、次のような問題をご紹介します。

これは、ピラミッドの数の法則に気づき、割り算さえできれば答えられる問題ですが、気づきの力が必要な難問です。この種の問題を「活用問題」といいます。

テクニックではなく「気づく」問題。この考え方を第二章で説明した「問題解決能力」といい、出ている数字が何を語っているのか、どこに答えに向かうポイントがあるかに気づけたら解けます。もちろん、中学生になってから学習する数学「一次方程式」でも解けますが、使わなくても解けるのが、算数的センス。これが地頭力なのです。ただのクイズと侮るなかれ！

自己理解が深まり、総合的なコミュニケーション力がつく。しかし、それを表現できないと、「私」を活かせません。

現代社会は物にあふれ、情報も簡単に入ってくる時代。学習する教科書や問題集も解答にていねいな解説が添えられています。創造する必要性がなくなり、自分で気づき、モノにする力が落ちてきている現代っ子。

地頭を身につけるには、これまでご紹介してきた教育が、パターン化ではなく、思考のトレーニングとして必要になってきているのです。

▼▼▼ まとめてみましょう

この章までは、「教育」に主眼を置いた目線で、ＥＱ力を身につけることで、自分らしさを発揮するための心構えとトレーニングをお伝えしてきました。第一部の終わりとして、ＥＱ力づくりをまとめていきます。

①「私」を知る＝ＥＱの基本原理

「私」を知るということは、すべての始まり。「私」を知らずに他者理解、他者評価をしていくと、批判に走ります。批判の原点は『「私」は正しい』『「私」は悪くない』です。この感覚の強い人は、まだまだ「私」を知ることができていません。今知っている「私」は、本来の「私」のごく一部。学習の最終観点はこの世界観です。次の章から「私」という存在と気づき方について、お伝えしていきます。

②自分を観る、相手を読む

この段階で必要な力は高度なコミュニケーション力。「裏コミュニケーション力」を理解しないと、対話をしているようで、一方向の交信になっています。相手を読むということは、客観的に、つまり自我を介さず第三者目線で相手を見ているということ。相手を理解する感覚で

「私」を観れば、第三者目線が味わえていきます。

③自分の役割を知る、場に気づく

欲から生まれる感覚「その場でこうありたい自分」から、第三者目線の感覚「その場で自分に何ができるか」の目線に立つこと。そこにやりがいを見出せれば、「私」が本質的に行動できるＥＱ力となります。

④空間に溶ける

本質的な行動が理解できれば、最終段階として、空間（その場）に溶けることができます。存在感がないのではなく、その場に当たり前のように存在しているから、自然とその場にいられる感覚。そこには自我や本能から生まれる主張はなく、思考と第三者目線で出した感覚の場が存在します。

人は人前で自己主張、自己評価への共感を得ようと本能的に行動します。しかし、その主張の繰り返しが争いをよび、異質同士を相容れない空気感になっていくのです。溶け合いの感覚が、ＥＱ理論の見出す終着点であり、ＥＱ力が向上して見せてくれる世界観となります。

こういうまとめ方をすると、ＥＱ力を身につけるのは、悟りを開くような世界で困難な修行がつきまといそうですが、そうでもありません。苦行も荒行も献身的な努力も必要ありませ

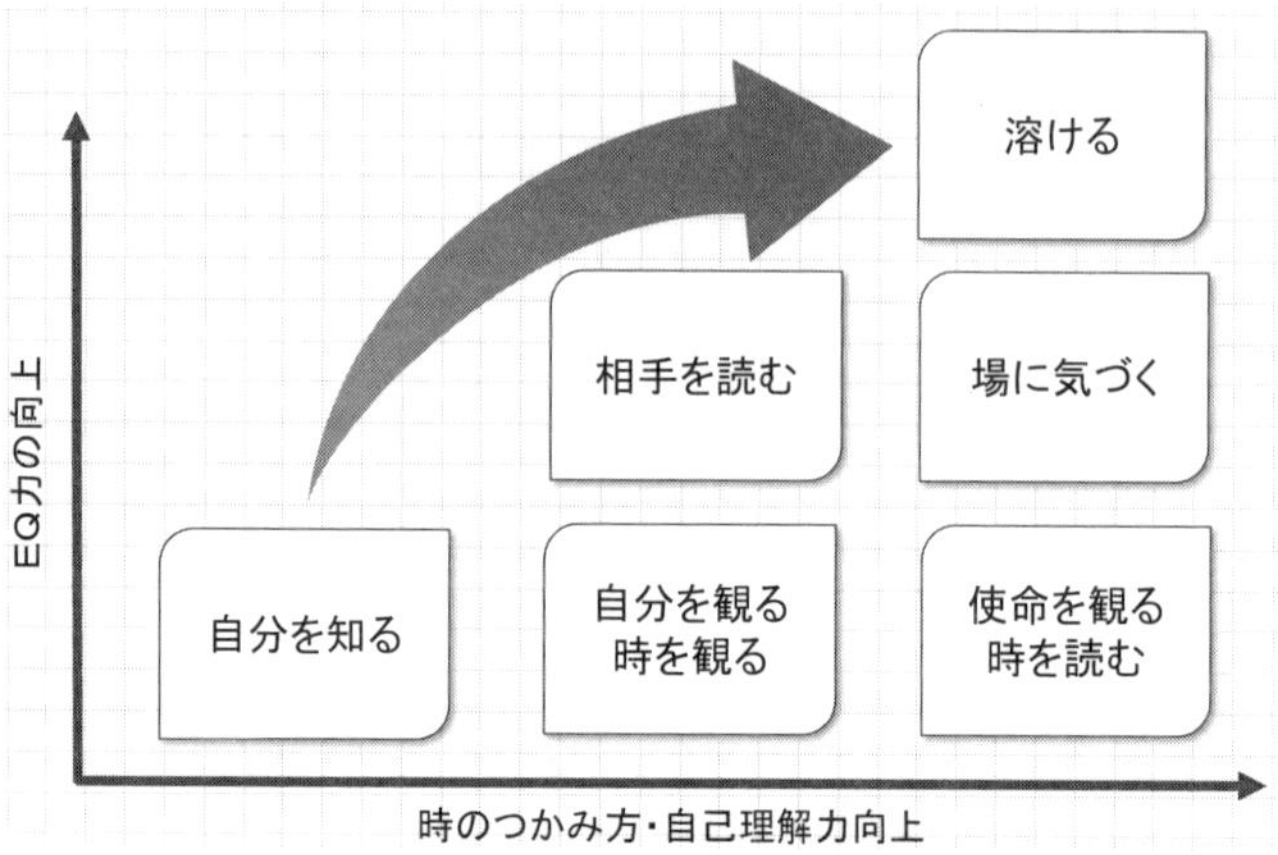

EQ力の向上のイメージ図

ん。今まで自分が常識と思ってきた感覚を横に置き、本来の自分を観る段階を理解し、時間と自分と社会との関係を味わえれば、身についていくものです。

「人はなぜ学ぶのか?」の行き着く疑問が、このEQ力の探究から始まります。そして、EQ力を活かすと、「私」が変わります。

次の章からは、そんな「私」を知って活かす感覚を味わう手法をお伝えしていきます。

第二部

第五章
人の「本質」を知る

イラスト・本田修盛

▼▼▼ 本当の「私」を探る　～ジョハリの窓

人は感情の収まりが悪いときに「今日はどうも虫の居所が悪い」とか、「腹の虫がおさまらない」と表現しますね。何がという明確な理由があるわけではないのですが、どうしても心が浮ついたり、感情をコントロールできなかったりすることってありますよね。人は昔からそのことを「虫」を使って表現してきました。ただ、表現しただけで何も解決していません。

また、自分では普通にしているつもりでも、出会った人から「今日はどうしたの？　何かあったの？」と思わず声をかけられることってありませんか。それは自分が醸し出す空気感が自然と他人に伝わっていて、表面上の意識では自分でも分かっていない様子を表現しているのです。

人は自分という存在を知っているようで、あまりよく分かっていないのです。何が自分の感情をこんなに刺激しているのか、どうしてその一言が心に突き刺さるのか、どうしてこの状況でこんなにおびえてしまうのか……。

例えば、自分の「個性」といわれる中に「声」もありますが、自分が知っている自分の声と、他人が感じる声はまったく響きが違い、びっくりしたことはありませんか。私は自分の声が嫌いです。何か上ずっていて、動画撮影後に聞いてみると、嫌悪感を持ってしまいます。しかしそれは、普段自分の声だと思っている声と全く違っているからで、「異質」と認知するからかもしれません。

「私」という存在に自信が持てなくなったり、人を信じることに疲れたりすることも、人生の中でいっぱい経験していきますね。ではなぜそのような状況が起こるのでしょう?

心理学の世界に「ジョハリの窓」というものがあります。そのジョハリの窓によると、そもそも自分が思っている「自分」という存在の姿と、他人に見えている姿が一致している自分と、他人だけが気づいている自分のくせという存在があります。しかし、これは本来の自分の二・五パーセントしかないといわれています。

私たちは表面だけを見て、それを自分だ、あの人だと思って、第三者とコミュニケーションをとっている「ふり」をしているのです。しかし、これはあくまでも自分が見せている(開放している)自分であり、他人に見せていない(秘密の)自分もいます。人によって大小はあるかもしれませんが、これも「私」の中の二・五パーセントしかないといわれています。つまり、秘密の自分と、表面的に自分だと思っている自分を合わせても、五パーセントしか存在しないのです。

ということは、自分だと思っていた自分は全体の五パーセントであり、まったく本来の「自分」という存在に気づいていないのです。そういう世界観で人と人とはコミュニケーションをとろうとしているのですから、それでは人の本当の背景を読み取ることはとても難しいことですし、トラブルも起こりやすくなるでしょう。

では残りの九十五パーセントはどこにいるのでしょう。

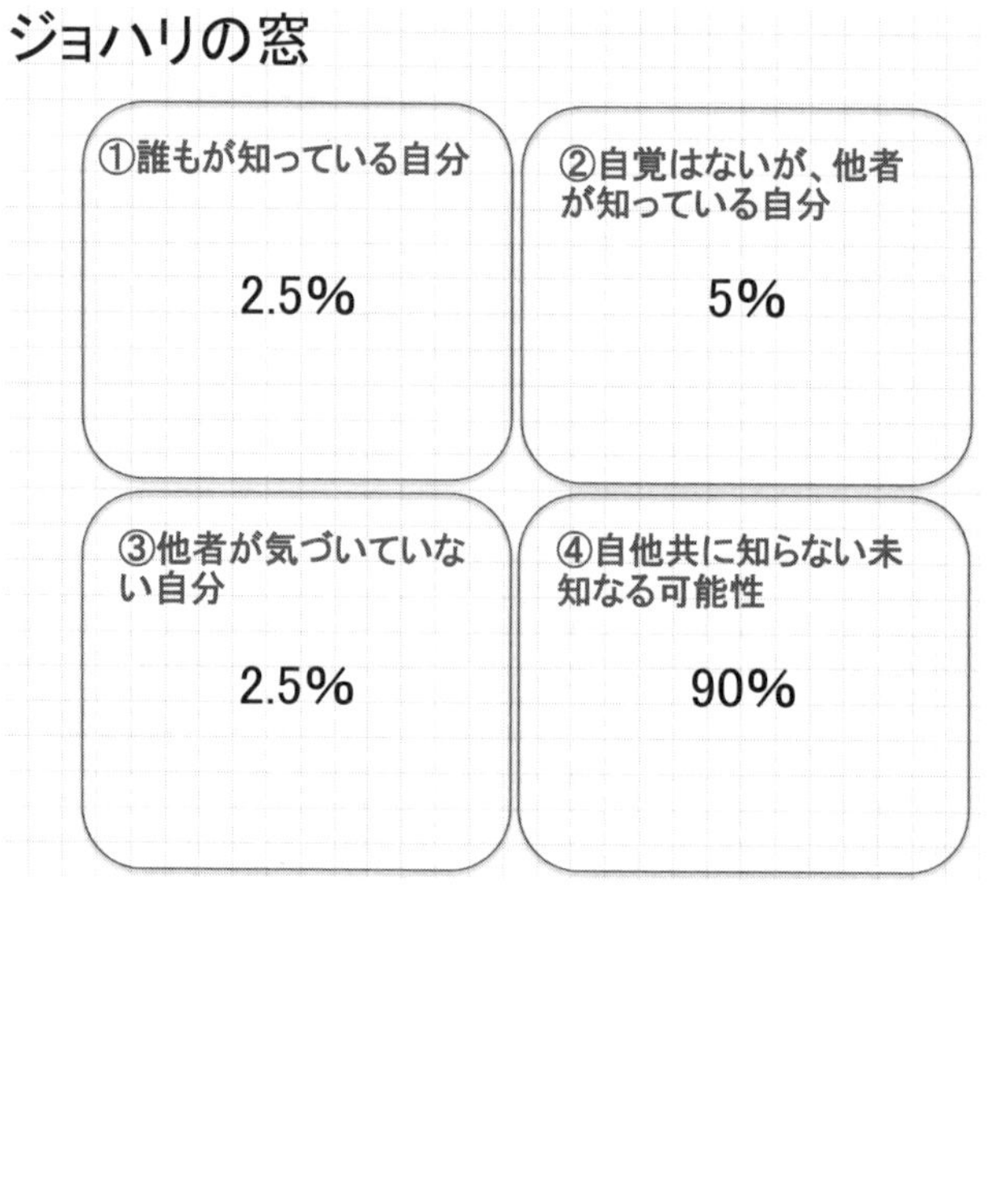
ジョハリの窓
①誰もが知っている自分
2.5%
②自覚はないが、他者が知っている自分
5%
③他者が気づいていない自分
2.5%
④自他共に知らない未知なる可能性
90%

まず、自分では気づいていないけれども他人が気づいている「私」が存在します。いわゆる「自分が気づいていないくせ」といわれる部分です。この部分は人から指摘されても「えっ⁉そうだっけ？」と腑には落ちない部分かもしれません。他人には見えていて、「私」は気づいていない「くせ」を持っている「私」、これもまだまだ五パーセントしかありません。

ジョハリの窓で考えてみると、人は他人の意見を受け入れたとしても、本来の自分に対して十パーセントの自分にしか気づいていないのです。

残りの九十パーセントは何者なのでしょう。実は、そこに、本来の「私」が隠れているのです。

自分も家族も他人も気づいていない本当の「私」。そこに目を向け、そこに気づくことで、自分が持っている個性・本質の開花につながるのではないでしょうか。

それでは、この九十パーセントの未知なる自分に気づくにはどうすればよいか、ここからお話を深く進めていくことにしましょう。「虫の知らせ」や「腹の虫」と思い込んでいた本当の「私」に会うために……。

▼▼▼ 本当の「私」を知るということ

社会は人の集合的無意識で成り立っている

人間社会をこう表現したのが、スイスの精神医学者で、分析心理学の創始者であるカール・グスタフ・ユング氏です。

このユング氏が提唱した「共時性理論」は、遠く離れていても、人は無意識のレベルでつながっていると説いています。もし、主観を入れず、そして考えに固執せずに、本来の自己の心で無意識に生きたなら、世の中に争いや競争は生まれないかもしれません。ともあれ、この本の中では、世界はまずこの無意識でつながっているという観点を土台にして話を進めていきます。

人は、この集合的無意識でつながった社会の中で、一人一人の「個人」が生きています。その個人には、まず「本能」といわれる、心の奥にある「欲」が存在します。生きとし生けるもの、すべてが持っているもので、自分が好き放題生きようとする力です。

しかし、この本能といわれる部分だけで人や生きものは生きているわけではありません。そんなことをすると、世界はあっという間に滅んでしまいます。人間社会には暗黙のルールと明文化したルールが存在しますし、動物社会にも暗黙のルールがあり、それぞれの中で抑制する力が存在します。

心の内側をきれいに覆っている部分、それがその人の「本質」という部分です。これを「自我」ともいいます。これは、前述した集合的無意識という社会の中で、「個」として生きていくために必要な力で、「私」がこの社会、空間で何をするために生まれてきたのか、という、「私」という存在の大きな世界観につながります。しかし、この「人の本質（自我）」という部分が、決して自分の知っている「私」だけではないのです。今「私」だと思っている自分に、本来の自分ではない部分がたくさんあります。

その原因の一つが、本質（自我）を覆っている「超自我」といわれる部分です。心理学では「道徳的観念」といわれていますが、実はこの「道徳」という言葉が「個」を隠しているポイントなのです。

そもそも「道徳」とは何でしょう。もちろん、集団生活を送る上での社会規範とでも位置づけることが妥当かもしれません。しかし、それだけではないのです。

みなさんも親から「ちゃんとしなさい！」「どうして人と同じことができないの？」と注意を受けた経験はありませんか。私は毎日のようにそんな言葉を受けていました。もちろん、私が幼少期に「ちゃんと」していなかったからですが……。

ただ、その「人と同じこと」をする意味って何でしょう。「ちゃんとする」ってどういうことを指しているのでしょう。その言葉に苦しめば苦しむほど、年齢が進むにつれて、自分の本

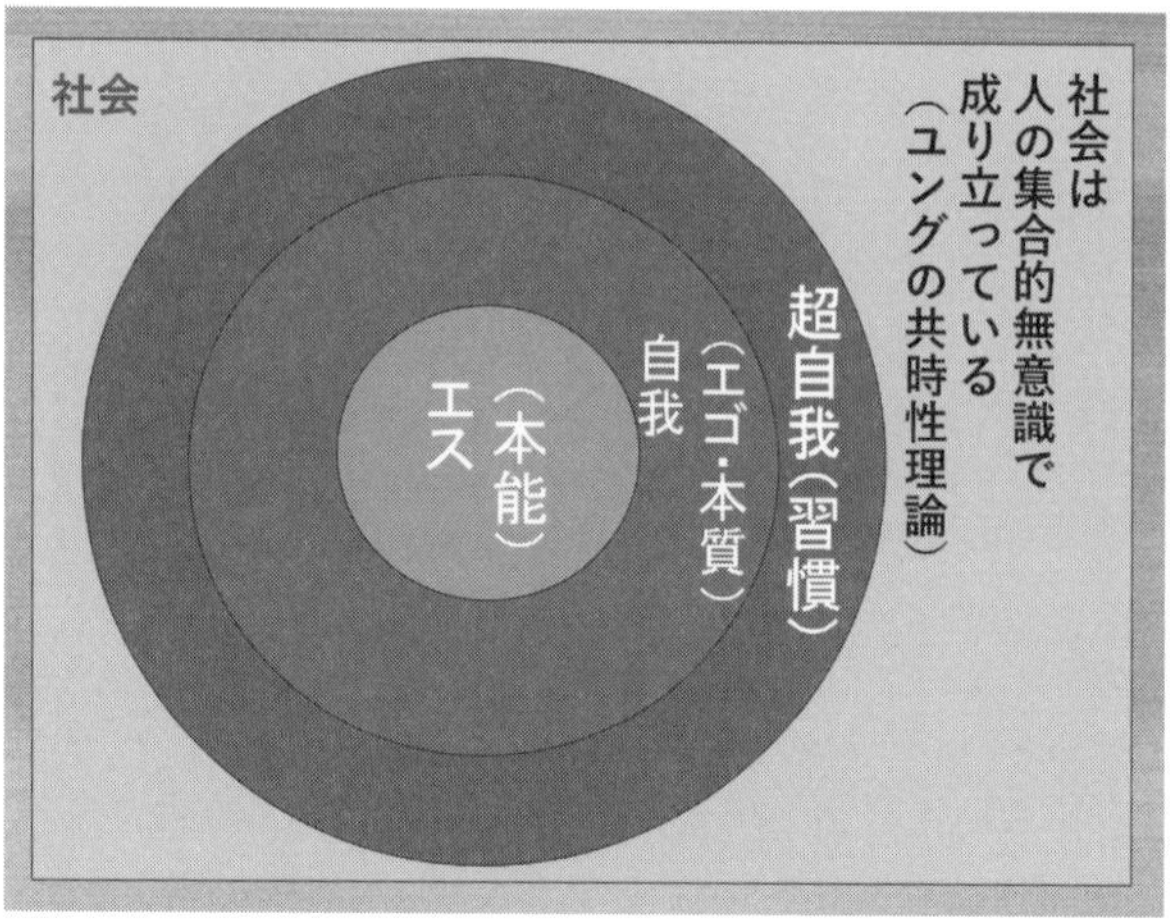

ユングの共時性と人間の本質

質を消していっているのです。その原因が超自我であり、これを私は「習慣」と位置づけています。

習慣とは、自分自身が受けてきた教育であり、地域の特性であり、そして身近な影響力のある大人、とりわけ親から投げかけられた言葉なのです。例えば、自宅でご飯を食べる時をイメージしてみてください。まず、全ての配膳が済む前に、揃った人から食べ始める家庭があります。私の実家は家族全員が揃わないと食べ始めることができない家庭習慣がありました。そして食事中、テレビをつけながら食事する家庭があれば、食事中は正座してご飯と向き合う家庭もあります。また、食べ終わった後、そのままゆっくりと家族でおしゃべりしたり、テレビを観たりしてから片づけをする家庭があります。そうかと思えば、食べ終わったらすぐに食台から食器をキッチンへ運び、洗い終わってからゆっくりする家庭もあります。食事のとり方一つとってみても、育った環境で大きく違うんですね。

結婚して新しい家族生活が始まると、このような驚きがたくさんあります。だからといって、このとらえ方一つひとつに正解はありません。すべては育ってきた環境なのです。私たちはその育ってきた環境の中で社会規範、つまり道徳心を育てていきます。人の物を取ってはいけない、人をだましてはいけないなど、一定の共通ルールはあっても、生活環境への道徳心は自分の家庭から受け継がれるのです。

大きくさかのぼると、自分のお父さん・お母さんを超えて、おじいちゃん・おばあちゃん、そしてお会いしたことがないご先祖様から受け継がれた思いや習慣があるのです。

私たちがその事実に気づいたとき、「自分の本質って何だろう?」と疑問を持ち始めます。みなさん共通して、そういう時期は二十六歳くらいに訪れます。そこで自分の人生観をしっかり見つめ直すことができるか、自分自身を振り返ることから逃げるのかで、生き方が変わっていきます。

ともあれ、本質と向き合ったときこそ、「私」の役割が生まれ、自分だけの世界観をもって、この生まれてきた命の使いみちを理解できるのではないでしょうか。

▼▼▼轍《わだち》から出るのか？　轍で生きるか!?
～習慣のとらえ方

私たちは日々成長しながら生きていると思いがちです。年齢を重ねれば重ねるほど、「私」という存在が達観されていると信じている人が多いでしょう。そう自信を持たせてくれるものが「経験」。経験を積み重ねることで、いろんなことを処理するためのパターンが出来上がり、いろんな壁を乗り越えていると思っています。

もちろん、経験のなせる業《わざ》でトラブルを処理できることも事実です。しかし、日々人生の目標に向かってぶれずに進んでいるかといえばそうではなくて、同じ所を周遊していることがほとんどです。もし、あるトラブルに対して回避行動をとったとします。しかし、それが受け入れなければいけないことだったら……また違うトラブルでもそのやり方でやり過ごそうとするでしょう。

ある不登校生徒との出会いで気づいた概念

とある不登校生徒、Aさんとは、彼女が中学三年生の夏休み明け時に出会いました。

出会った頃は「死にたい」が口癖で、今自分が何をすべきかではなく、一日の中で嫌なことと出会わないよう、どう時間を使ったかを目印に生きているようでした。学校に行かず、不登校生が集うために作られた教室にも行かず、気の合う仲間と昼間からカラオケに行ったり、朝までゲームした日は夕方まで自分の部屋で寝ていたり。社会に縛られず、自分の習慣の中で生きていました。周りの友達とはＳＮＳで一日中つながっていて、寂しさを感じているようではありませんでした。

そんな生徒がふと「私の将来ってどうなっているんだろう……」と不安を話してくれました。そう、今はうまく生きられているように思っているかもしれませんが、ふと気づくと同じパターンで生きていて、身体は成長しても心と頭脳は変わらないまま。そう気づいた彼女は、自分の「回遊魚スタイル」から抜け出す決断をします。一般の全日制高校には進みませんでしたが、通信制の高校に通いながら、目標設定した自分の「夢」に向かって外の世界に出始めました。もともと人と接することを苦にしない性格だったため、そこからはあっという間の成長でした。

いっしょに不登校教室に通っていた仲間は、ほぼみんな同じ高校に進学しました。そこは何の環境も変わらず、以前と同じように行きたいときだけ学校に行って、お休みをたくさん取りながら遊びたいときに遊んでいます。そう、学年は進んでいきますが、やっていることはあの日のまま。

人は「ラク」して乗り越えたことを成功体験と勘違いしてしまった瞬間から、その轍《わだち》を生き始めます。その乗り越え方を何度か経験してしまうと、そのパターンでしか生きられなくなるのです。

こんな生徒もいます。学校のワークに解答集から正解を毎回写す生徒。私から何度も注意されても、無意識にその行為を繰り返します。完全に小さいときからの轍として脳内にインプットされているのです。これは、その生徒が悪いわけではありません。内容ではなくノルマとしてページをこなすことだけを優先させた宿題方式と、それをチェックしてこなかった大人の罪です。この轍は、大人になっても決して消えることはありません。どんなに年齢が進んでも、「ここぞ！」のトラブルの時に必ず同じような回避行動を取るようになるのです。

話を戻します。外の世界に飛び出したAさんは、アルバイトと、自分が将来なりたいことのための練習場を掛け持ちするようになりました。もちろん、練習で嫌なことがあると、投げ出したくなるし、先輩のせいにして「自分は悪くない！」を主張します。しかし、当時の彼女とは大きく変わってきています。冷静に、自分の言動を見つめ直せるようになったのです。自分がどんな時にどんな言葉や行動で逃げ出そうとするのかを、少しずつ分かるようになってきました。

Aさんと私は「毎日日記」を通じて、日々のAさんの行動パターンを省察しています。私が彼女に一週間の目標を与え、彼女はそのキーワードを頭に描きながら、練習やアルバイト、学校や家庭とのつながりと向き合います。そうすると、逃げようと思う気持ちが少しずつ変化してきて、回遊魚の周回軌道がじわじわ外に広がってきたのです。

私との対話の中で、彼女の言葉も変化してきました。嫌な出来事や逃げ出したいことに向き

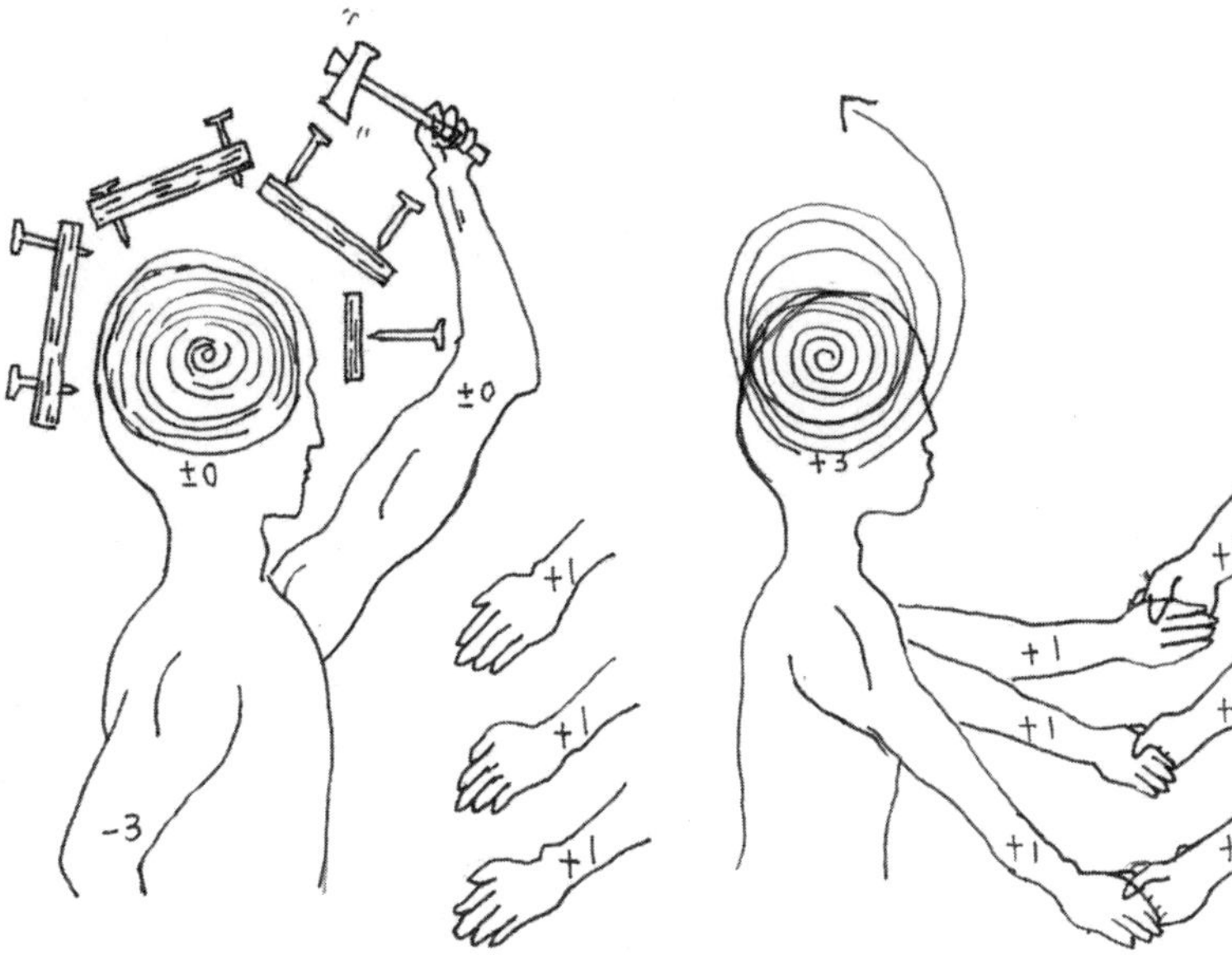

周回軌道が広がった回遊魚のイメージ

合えるようになってきたのです。

そこから、三年後の自分、十年後の自分を想像できるようになり、一筋の光に向かって一歩踏み出す勇気を手に入れることができました。

彼女は言います。「あの子たちってあのまま大人になるのかな?」

他人の心配ができるだけでも、大きな成長だと私は思いますし、一般的には経験できないことを積んできたからこそ、彼女は人に優しくなれるのです。

まだ十代の彼女がどの職業につくかは分かりませんが、自分を省察することを習慣にした彼女は、人生の目標に向かって少しずつベクトルを合わせていけるでしょう。

▼▼▼「私」の本質

人には本能が根底にあります。動物が持っている欲と直感的感情で動く部分です。しかし、ほとんどの人間がその本能の赴くままには生きません。よくいう「社会通念上の道徳心」が働くからで、考えて行動するからです。犯罪を犯したい行動を抑えている部分はこれに当たるのですが、だからといってその抑え方は様々です。

人それぞれのとらえ方の原点に、その人の本質があるのですが、その本能を包んでいる本質（自我）が、物事のとらえ方や感じ方、生き方を司っているのです。しかし、生きにくいと感じている人のほとんどが、その周りにある「超自我」を自分の本質と思って行動したり感じたりしているため、本来の自分の生き方ができずに苦しんでいるのです。「なぜそうするの？」という問いかけに対して、「だってそれが普通でしょ？」の部分です。

その人にとって「普通」と言われる部分は、あくまでも自分が生きてきた生活環境や時代などからインプットされた「普通」であって、決して地球上の「普通」ではないのです。

この超自我の習慣部分が分厚い殻としてはびこっているか、本質がすぐに飛び出すくらい薄皮なのかは、その人の生きてきた環境によって違います。だから人は同じ言葉を聞いても、人によってそのとらえ方が変わってくるのです。自分の家族やその先の一族の習慣的個性が強ければ強いほど、分厚い殻で覆われていて、なかなか自分本来の本質的理解を深めることはできません。

この殻を壊さないまでも、浸透するくらい柔らかくすることで、きっと自分の本質へ目を向けることができるようになるでしょう。この殻への向き合い方は次の章でお話しすることにします。

この殻を突破するということは、自分自身を客観的（第三者の目線）に観られるようになり、「私」という存在に対して自分のフィルター（感じ方）を通さずに観られるようになるということです。

つまり、家族や一族、生活環境などの外からの刺激で作り上げられた習慣（超自我）で感じるのではなく、自分の本質（自我）、つまり自分自身が本来持っている習慣で感じるようになれば、ますます自分の本質をつかみやすくなり、「今を生きる」「自分を活かす」の意味が見えてくるのです。

この章では、人の本質を知ることをテーマにお伝えしてきましたが、自分や他人の特性や習慣的なくせと本能的なくせを知って、いかにその特性や習慣と向き合い、付き合っていくかで、人とのコミュニケーション力も変わってくることでしょう。

自分が今生きづらいと感じている方、何を目標に生きていけばいいか分からないと思っていらっしゃる方が多い世の中です。決してあなただけではありません。私もその一人です。まずは、自分自身をフラットに、つまり第三者的目線で観られるようになりましょう。ちょっとしたトラブルでもめげなくなりますよ。

そして次に「私」を受け入れること。生きにくいと思っている人は、思考のボタンの掛け違いをしているのです。

自分がなりたいと思っていた「私」になったのに、いざその「私」になったと思ったらつまらなくなり、「人生ってこんなもの」と「勝手に達観」していませんか？　なぜそれに「なりたい」と思ったのでしょう？　本当に自分が進みたかった方向だったのでしょうか？　誰かからの声かけをそのまま自分の意思と掛け違えて進んでいませんでしたか？

あなたにはもっとやりたい、やるべき方向があるのです。まずは、今までの自分の人生経験で出会ったことのない「珍しいもの」に出会ってみませんか？　そこに最初は違和感や躊躇するものを感じるかもしれませんが、いつか本質に気づき、魅力を感じるかもしれません。

その時、周りの人から観ると、あなたの空気感、気配感が変わったと思われるかもしれません。そこがチャンスです。ぜひ、今自分が分からなくなっている人は、今こそ、この人間本質学で本来の自分を観ていきましょう。

そのために、次の章であなたの生きる「習慣」を探っていきましょう。

第六章
生きる習慣をつくる

イラスト・本田修盛

▼▼▼ 心が持っている習慣

先ほどの章でお話ししましたが、自分の行動パターンや過去の出来事を振り返ってみると、そもそも自分自身で決めて行動しているようでも、そうではないことがよくあります。行動や決断が自分で本当に決めたことではなく、刷り込まれた習慣で反応し、決断しているケースがあるのです。

だからといって、それが「私」の本当の反応かどうかを見分けることは、なかなかできることではありません。それは、生活してきた環境や家族から受け取った習慣だから。普段私たちは、頭の中で考えるまたは悩んでいるとき（特に悩んでいるとき）は、自分を守りたいという自己防衛的な感覚が本能で働き、言い訳や仮の敵を作り上げ、「自分は悪くない」と結論づけようとしているのです。これは中庸ではなく、主観または我欲の中に「私」がいる状態です。

しかし、先ほどの章で説明した「轍」が意識できれば、今自分が行った、または決断したことは、自分の本質が導いた行動や決断なのか、無意識の習慣が導いた行動や決断なのかが理解できるようになります。これを「中庸な第三者目線」といいます。中庸とは、偏らないフラットな状態をいいます。この中庸な第三者目線を理解できれば、過去の自分の出来事を振り返ってみるときに、それまで自分の中で引っかかっていた出来事の意味が見えるようになります。

これに、後述させていただく「易学」を取り入れると、「なぜあのとき、あの人と別れなければならなかったのか」「なぜあのとき、交通事故に遭わないといけなかったのか」などの、自分にとってつらく悲しいと感じるマイナスな出来事が、実はその先の成長、光を浴びるために必要な出来事だったと思えるような意味が見えてくるのです。

人は感情の生き物です。だからこそ、無意識、瞬時に反応して言葉を発したり、思わぬ行動をとったりするものです。

「なぜあんなことをあの場で言ってしまったんだろう？」と後悔することはありませんか。私はよくありました。いや、いまだにあります。その不意に反応している部分を見てみると、それが自分の心の習慣なのか、生活環境や一族から受け継いだ習慣なのかが見えてきますし、そうなった意味を理解することもできます。

人間本質学を勉強していくと、自分にとって、つらい見え方を受け入れなければならない場合があります。慣れ親しんだ習慣からは抜け出したくないもので、認めたくないという思いが湧いてきて、無意識の抵抗感が訪れます（実はこれが本能と習慣からくる感情であり、本来の無意識とは異なります）。そうなると、その場の快楽に走り、迷い道に逃げ込んで「言い訳探し」を始めます。しかし、これは人間だから誰もが訪れる感覚なので、そこを責める必要はありません。

ただ、心に余裕ができたとき、この逃げ出したいと思った出来事に目を向けてみませんか？きっと「私」という存在を理解するための お試し的な出来事だということが見えてきます。

また、人は関心を持つと、その出来事に反応し、悦を求めて進んでいきます。しかしその進んだ先に何も生まれなかったという場合もあります。つまり、自分が目標を持って必死に進もうと思っていたことも、出来事につながらない場合があるのです。

それは、チャンネルの合わせ方に問題があります。自分がこうなると信じて実行してきたことであっても、終着点がかなり違っていることがあります。自分の役割や目的をもとにチャンネルを合わせていかないと、違った時間を過ごしてしまうことになるのです。

このチャンネル合わせはとても重要で、かつ難しいものです。今のテレビのようにオートで周波数を探すのではなく、昔のラジオのように自分でつまみを回して調整しながら電波を探すようなものです。これか？　と思ってチャンネル合わせをしても、違う番組に合わせてしまうケースもあります。クリアに聞こえたからといって、それが探していた番組であるとは限らないのです。

このチャンネルは、番組が多ければ多いほど自分の振り返りのときに着眼点が見えてきます。共通した出来事や感情を湧き起こさせる何かに目を向けるチャンスをいっぱい持つことです。

ここで難しいのは、関心があるところにだけチャンネルが合わされている場合です。関心がある以外の出来事、例えば、「玄関を出るときにつまずいてしまった」や「人とすれ違う時にどちらも同じ方向にずれてしまい、なかなか進めなかった」など、そんな些細だと思った出来事でも、大きな意味を見せている場合があるのです。

チャンネル合わせも難しいですが、チャンネル数を増やすことも難しいことです。ただ、このチャンネル数を増やすには、経験を積むことです。たくさんの人と出会うことです。新しい経験を積むような出来事やその人と出会ったことで、その意味を味わい、その感情と自分の行動を見つめる。その積み重ねが関心事以外の出来事への視点の広がりにつながり、チャンネル合わせやチャンネル数を増やす力につながっていくのです。

チャンネルを合わせるイメージ

▼▼▼ 一族からもらった習慣

前述では、出来事に反応する習慣ととらえ方のお話をしましたが、ここでは、先祖代々から受け継いだもののとらえ方のお話をします。

前述の中で、「無意識的な習慣」という言葉が出てきました。その一部に、この一族からもらった習慣があります。これが「超自我」と呼ばれている部分で、ここを理解できないと、「私」本来の本質がしっかり外に発信できないし、出来事を正確に理解することができないのです。

自分の両親に対して「私は父親には似ていない」「私は親のようなパートナーとは結婚しない」と否定していくことは多々ありますが、結局のところ、女性なら母親に似たような性格になり、男性なら父親に似たような性格になっていく傾向があります。また、男性なら母親のような人と結婚し、女性なら父親のような人と結婚しているケースもよくあります。否定してもそうなるなら、いっそ受け入れた方がいいのかもしれませんね。

私自身も父親の性格をなかなか受け入れることができませんでした。自分の家族を犠牲にしてまでも、人のために何かをし、結局裏切られて自暴自棄になり暴れることがあったり、祖父母の手伝いをするためにと言って定職に就かなかったりなど、一般家庭では考えられないような環境を恨んだこともありましたし、父親の行動がまったく理解できませんでした。

しかし、自分の失敗や過去の出来事をひもといていくと、父親と同じようなことをしている自分がいました。結局、自分が考えて決断しているように思える思考パターンも、一族が代々受け継いできた「鋳型」に入れられ、自分の個性ではなく、一族の個性として思考パターンがコピーされているんですね。

もちろん、一族からいただいた習慣は悪いことばかりではありません。個性を生かせば、社会でしっかり役割を果たすこともできます。人はマイナス面に目が行きがちですが、「あなたち我が一族も捨てたもんじゃないな」と思えたとき、また、一族が果たせなかった何かに気づいたとき、一族への感謝や継承が始まります。

以前、どなたかが「私はお墓に眠っていません」のような歌詞の歌を歌われていらっしゃいましたね。日本は昔からお彼岸やお盆のときに墓参りをします。もちろん、それも一族の供養ですが、それだけではないのです。浮かばれなかった一族のどなたか、志半ばでこの世を去ったどなたか、事業を失敗したどなたかなど、無念のうちにお亡くなりになった一族の方々に思いを馳せること、受け継いだ一族の「鋳型」を作り替えて、一族が果たしたかった何かに意識を合わせて生きること、これこそが先祖供養につながるのではないでしょうか。

最近、テレビ番組でも一族をテーマに振り返る番組が放映されています。自分が知らなかった一族の思いと無意識に受け継いだ一族の習慣を理解した後、出演者は心が晴れた表情になります。「あぁ、私はこの人生を選んで生きているのか」と腑に落ちたとき、いがみ合っていたはずの両親や親戚に対して意識が変わっていかれる方もいらっしゃいます。

本能と超自我

一族から受け継いだ習慣は、最初に出てくる感情によく表れます。その感情に気づき、それを捨て去ると、自分の本質（自我）で行動できるようになります。自分の行動パターンが変わっていくのです。

私たちは、動物本来が持っている本能の上に、行動を制御したり決断したりするために思考する本質をまとっているので、暴発することなく暮らしています。しかし、その本質を覆い隠すように超自我という鎧《よろい》をまとっていて、それを「私」と思い込み、世の中で暮らしています。この超自我の大部分に「一族の習慣」が入っていて、行動パターンや決断方法に一族の意志が介入しているのです。ご自身の反応のしかたを確認してみてください。きっとご家族に似たくせが見つかることでしょう。

ちょっと難しい話かもしれませんが、一族に思いを馳せてみませんか。まずは一族の習慣がどのようなものか、見てみませんか。分かると、自分と両親や一族との関係性が見えてきて、自分が本来何をやりたかったのか、一族が私に何をしてほしくて命をつないでくださったのか、その部分が見えてきて、「私」の本質が動き始めます。

この章の最後に、「一族を観る」「一族と話す」ために取り組めそうな手法をお伝えさせていただきます。

▼▼▼ 口ぐせからもらう思考の習慣

人間は六十兆個もの細胞からできていて、それぞれの中にＤＮＡが存在します。そのＤＮＡは人間を作り上げていく上で大切なタンパク質の生成をしているのですが、不思議ですよね、生まれた子は、親に似た姿で生まれ、成長していきます。人間からカエルが生まれることはないのです。それが遺伝子でありＤＮＡです。

ＤＮＡは、生まれるきっかけとなった両親から受け継いでいて、それが細胞と一緒に分裂しながら改めて二重らせん構造のＤＮＡをコピーしながら作り続けて、人として成長していきます。このＤＮＡは身体を作り上げていくこと以外にも、その方の心のあり方、つまり本質（自我）と超自我をも作っていきます。

人はよく、自分の能力を十パーセントほどしか使っていないといわれますよね。その理由が、ＤＮＡの活用にあります。それぞれ自分の細胞内にあるＤＮＡのうち、機能しているのが十パーセント程度といわれ、残りの九十パーセントは機能していないのです。この機能していない九十パーセントのＤＮＡは、「ジャンクＤＮＡ」と呼ばれています。一般的なＤＮＡは遺伝情報を伝えるもので、人の成長に必要なものですが、このジャンクＤＮＡが、実は記憶媒体として違う役割を果たしていると、二〇〇九年に言葉とＤＮＡの関係についてロシアのとある研究チームが研究を行い、そのようなテーマを発表しました。

言葉とDNA、一見全く関係性がないように思えますが、DNAがコピーを繰り返す際、環境や育ててくれている人からの言葉がそのジャンクDNAに蓄積されていき、活動しているDNAが再構築されていくということなのです。

ジャンクDNAに保存された言葉や感情は、成長過程で「トラウマ（デジャブ）」や「外的感情」としてコピーされていきます。「三つ子の魂百まで」といいますが、幼い頃に受け取った言葉の数々、そして親からの感情移入が大人として思考していくための基礎を作っていくのです。いかに言葉の声かけが子供の成長に重要な意味を持つのかが分かります。

蓄積されていく言葉の内容によって、感情や性格が変わっていきます。このジャンクDNAに保存されていくデータで最も影響を与えるのが、親や育てる人からの言葉。つまりその人の口ぐせです。不完全なこのジャンクDNAは、親や育てる人から発せられる口ぐせによって、変化していきます。

その親や育てる人の言葉は、どういったものがあるのでしょう。私たちはその記憶をたどっても、せいぜい数十個の言葉しか思い出せないでしょう。

しかしここに、驚くべき数字があります。人は、二十歳になるまでに十四万八〇〇〇回も否定的な口ぐせを受け続けると言われています。もしこれだけをジャンクDNAの中に保存し続けたら、その人はどうなるでしょう。その人は「どうせダメな人間だもの」「自分は何をやってもうまくいかない」と自分を否定し続け、そのインプットがまたコピーされていき、負のスパイラルに陥ってしまいます。実際、犯罪者たちのコメントからもそれが読み取れます。

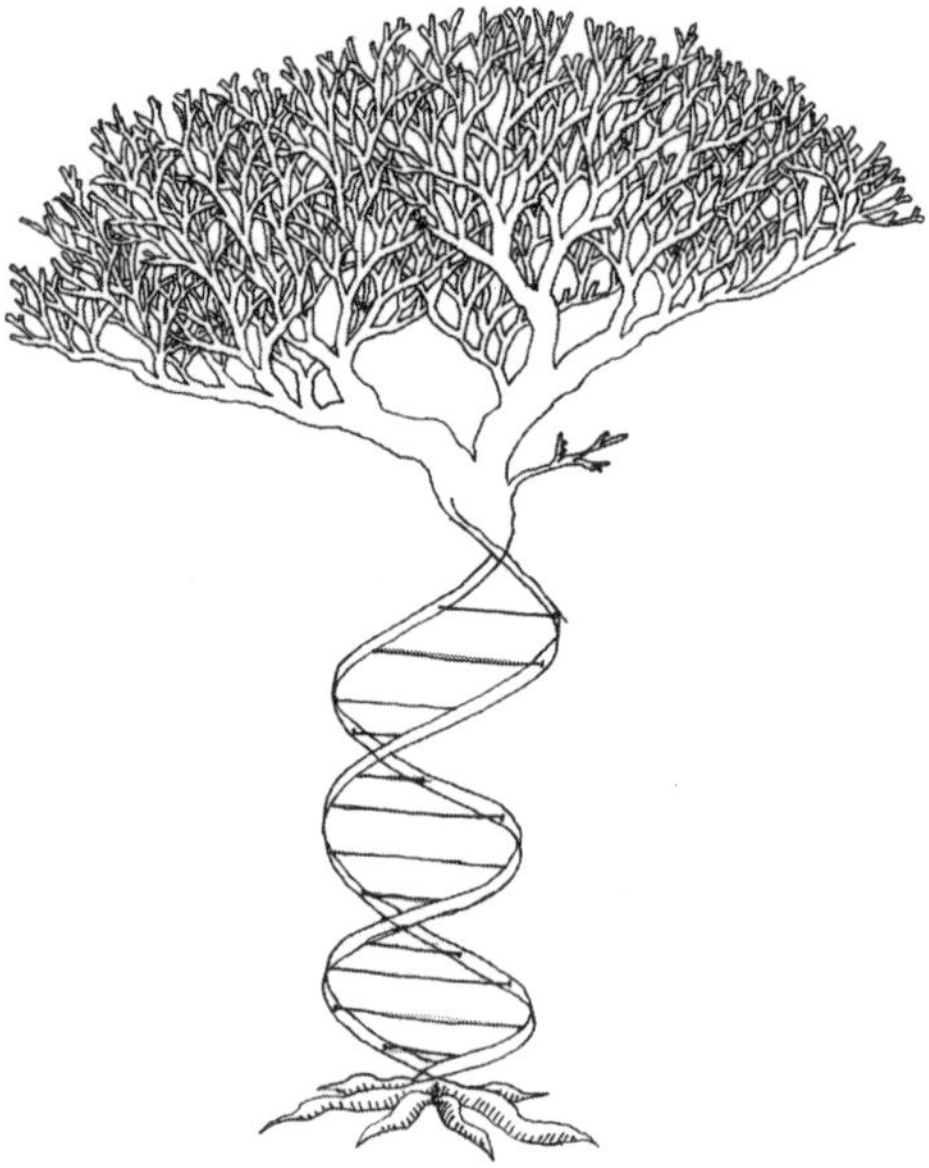

DNAのイメージ

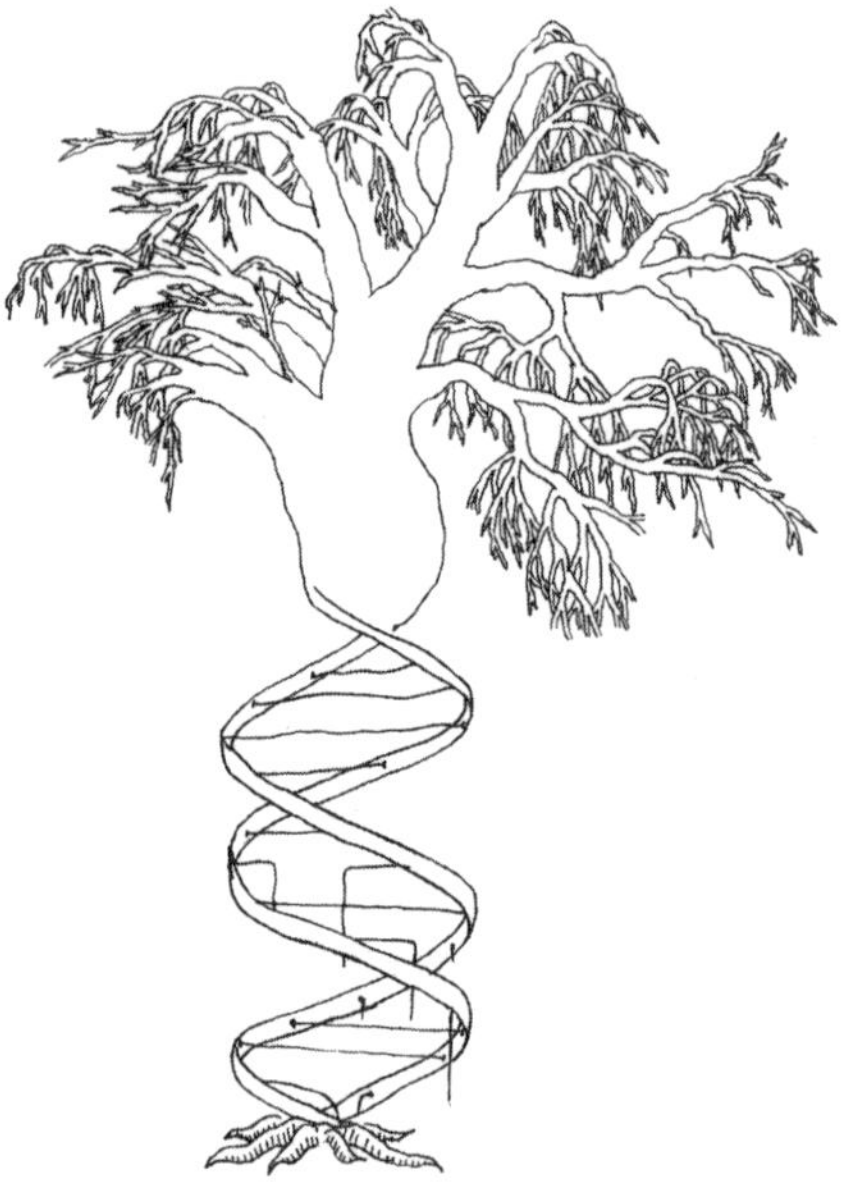

ジャンクDNAのイメージ

「自分はこの世に生きていても仕方ないから、人を道連れに死にたかった」

最近起こった殺人事件の犯罪者のコメントです。なぜそういう発想に至ったのか、それが「親からの言葉による刷り込み」にあると思われます。

　自分の両親からもらった一族の習慣で最も分かりやすいものが「口ぐせ」です。ふと出てくる自分の口ぐせは、両親のそれに似ていませんか？　そして、否定的な口ぐせが思い出されると、自分の心の中に豊かな感情は出てきません。つまり、小さいお子さんとお話をするときは、否定的な言葉を発信し続けるのではなく、たずさわる大人がこのことを自覚して接する必要があるのです。

　周りのお子さんと接する際、「本当にこの子は落ち着きのない子ね」を、「本当にあなたは元気な子ね。みんなに幸せや元気を与えてくれる太陽のような子だわ」に変換してはいかがでしょう。否定的な言葉をプラスの言葉に変えてみましょう。それが豊かな言葉として、その子のジャンクＤＮＡにインプットされていきます。

　豊かな言葉はスムーズに身体に浸透していきます。つまり、自分にとって心地よい言葉だから、ストレスなく受け入れていけるのです。その豊かな言葉が身体に行き渡ると、その人は心が豊かになっていきます。

　心が豊かになるとは、情緒が豊かになることで、少しのことでも感動したり、涙することができます。情緒が豊かになれば、発見する力も高まり、学力の伸び、やりたいことへの期待の高まり、イヤと思ったことへも気持ちを向かわせる力につながっていきます。

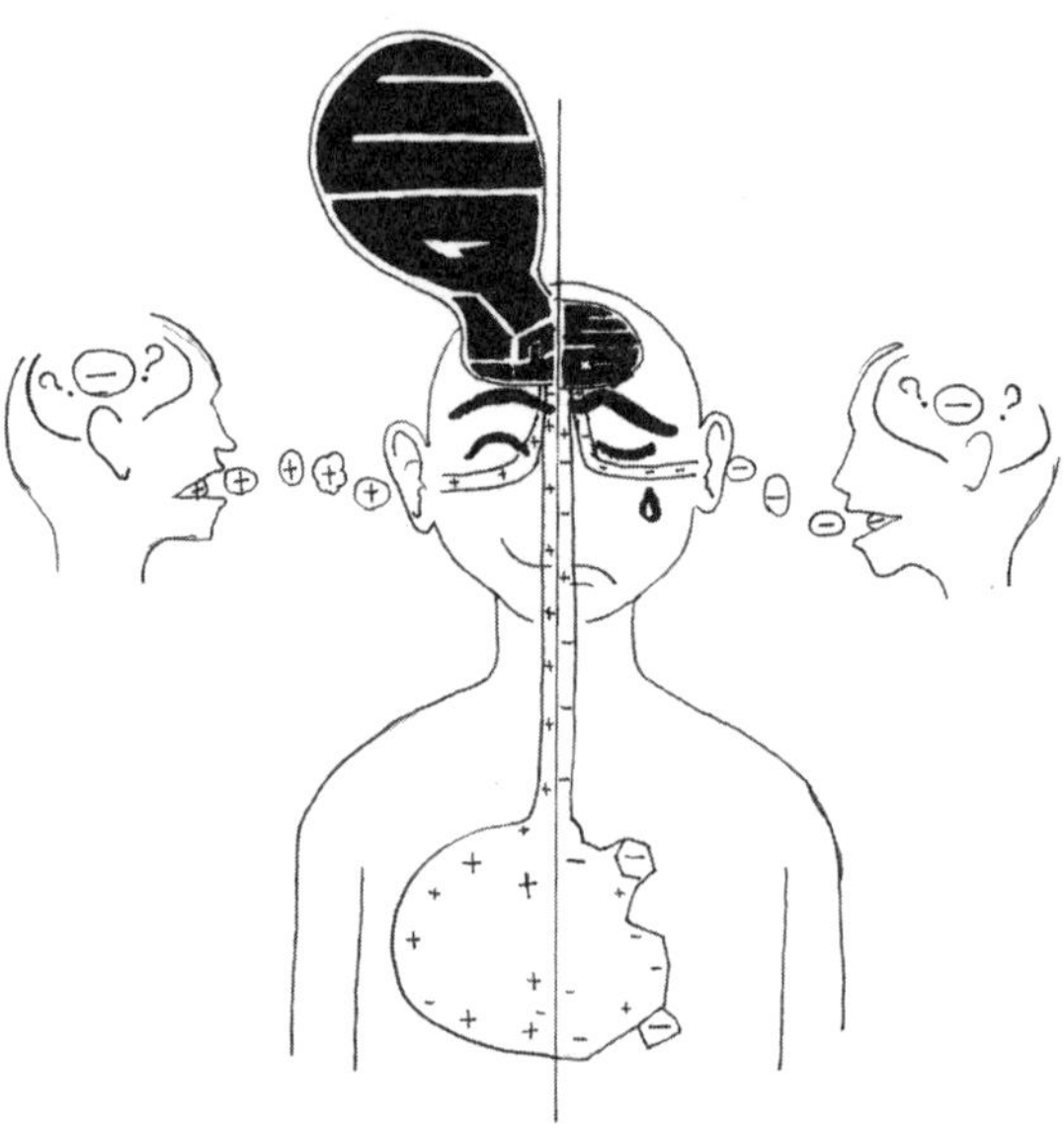

親からの口ぐせが人生に影響を与える！

豊かな心に成長すれば、人に対しても同じように豊かな言葉を投げかけ、そして心地よい感覚で人付き合いができるようになります。あなたの周りに、言葉を出さなくてもとても心地よい空間を醸し出す人がいませんか？　そんな人は、まさしくこのような状態にある人だと思います。

「類は友を呼ぶ」といいますが、批判の言葉を繰り返し発する人の周りには、人の欠点を見つけることに精を出す人たちが集まります、前向きな言葉を発する人の周りには、お互いに高め合うプラス思考の人たちが集まってきます。

この豊かな心の状態に成長することで、心にＥＱ力の成長が芽生えてきます。世の中は自分一人では生きていけません。自分の役割と相手の思いを汲み取り、自分らしい生き方を目指すというＥＱ力の最大項を発信し続けるのです。そのエネルギーが浸透していけばいくほど、その人は自分らしく、そして日々を充実した暮らしと表現できるようになります。

今二十歳を過ぎている人は、受けてきた口ぐせ、自分の口ぐせを思い出してみましょう。思い出すことは大変ですが、数十個思い出せたら、そこからマイナス思考の言葉を集めてください。そしてそれをプラスの言葉に変換していきましょう。きっと一族から受け継いできたものが少し見えてくることでしょう。

▼▼▼ 一族からの継承

前述の親からもらった口ぐせは、人間本質学でも書いたような超自我（習慣）として、自分の本質（自我）を覆い隠し、自分本来の感覚や感情をスムーズに引き出せないフィルターの一部としてまとわりつきます。この章では、生きる習慣の作り方をお話ししていますが、言葉（口ぐせ）や一族の習慣を観ていく中で大切なことは、自分のルーツを探ることです。その一族のルーツの探り方の手法をここからご紹介していきますので、ぜひ参考にしていただき、ご自身の超自我（習慣）のフィルター掃除の一助にしていただけたらと思います。

まず、父方、母方それぞれの一族の家系図づくりから始めましょう。思い出せる、または親戚からお話を聞けるようなら、せめて三代前、つまり曾祖父母までの流れが分かるといいですね。

この家系図を作るときに大切なことは、その人の職業や性格、趣味などを書き出すことです。とくに性格や趣味は一族で偏る傾向がありますので、そこに一族の習慣の法則が隠れているかもしれません。

また、事業をしていた方がいらっしゃれば、繁栄した理由、衰退した原因まで調べられると、素晴らしい材料になります。事業を行うということは、そこに「欲」が存在します。その欲との接し方の中に必ず大きな影響力のある習慣があったからこそ、繁栄や衰退が存在しているのです。その方に関する情報を家系図の中にいっぱい書き入れていきましょう。

この家系図をご自身の父方、母方でそれぞれつないでいきます。非常に骨の折れる作業ではありますが、この家系図には一族の習慣が眠っています。これから習慣の法則を見つけるための根本になる部分ですので、あきらめず、そしてていねいに紡いでいってください。

次に、自分でくせだと思う部分を書き出していきます。くせというと悪い面ばかりに目が行きがちですが、仕草やプラスな習慣も書き出していきます。つまり、自分の行動の原動力となっているくせも書き出すことです。不意に出るくせ、焦りを感じたときに出るくせ、うれしいときに出るくせ、初対面の人と話すときに出るくせ、いっぱい拾い出しましょう。もちろん、自分が知らない「私」のくせというものも存在します。そこで、ご自身のお友達やご家族にもご自身のくせについて気づいたことを教えてもらいましょう。思わぬ発見があることでしょうし、その無意識のくせにこそ、一族との関係や環境の中から生まれた超自我（習慣）の核が存在しているのです。

そして次に、自分が今までの人生の中できつかったと思う出来事を書き出してみましょう。できれば四つか五つ書き出されることをお勧めします。

この「きつい」と思った出来事は、自分がきついと思っていても、単なる「我」でとらえたものか、「自分の気づきのために」訪れたものなのかで意味が異なります。書き出した「きつい」と思った出来事に対して、その時の年齢や住んでいた場所や環境、そしてそれに対してどのように対応したのかを書き出していきましょう。

その対応の方法で、「きつい」の意味が自分の我で出したことなのか、言い訳や逃げから生まれたきつさだったのか、その先に運命の出会いがあったのか、人生の大変革の始まりにつながったのかなどが見えてきます。きついと思った出来事にこそ、そこに人生のターニングポイントがあります。

きついと思ったということは、そこで何かを失ったということ。それが人かもしれませんし、財産だったかもしれませんし、人からの信用だったのかもしれません。これを「喪失体験」といいます。しかし、その喪失体験の根本にある「きつい」から生まれたあきらめや決断の先に、何か人生にとっての最大のテーマや自分の無意識の習慣が浮かび上がってきて、ご自身や一族の習慣が呼び出されてきます。

喪失体験への対応がポイントなのです。このとき、後の章でも出てきますが、「易学」を活用すると、中庸に過去の出来事を観ることができ、客観的な視点でポイントを書きとめることができます。

材料が出そろったら、ここからが分析の流れです。

それぞれ出てきたキーワードや感情をもとに、自分を苦しめていたり、自分本来の動きをセーブしたりしていることを見つけ出し書き出してみましょう。その際、ご先祖様の習慣も忘れないようにしてくださいね。そのご自身とご先祖様の共通する「くせ」や「習慣」を見出せたら、大きな気づきにつながります。

人は自分のことは分かっているようでも気づいていないのです。ご自身が「きつかった」と思った出来事に「もしご先祖様ならどう対応しただろう？」と当てはめてみましょう。客観的に何かが見えてくることでしょう。

おそらく今書き出したことは「マイナスイメージ」になっていらっしゃるかと思います。これがあなたの行動を制限している、または成長をストップさせている大きな要因です。だからといって、「悪」ではありません。この「くせ」を自分にとって可能性に変えればいいのです。

可能性とはチャレンジするエネルギー、明るい兆しです。マイナス要因とプラス要因は紙一重。つまり表裏一体なので、ご自身にとってマイナスと思っていた喪失体験を可能性に変えることで、考え方、気づき方、感じ方などを反転させることができます。

この作業をしているときに、私はご先祖様の「無念や悲願」を感じることができました。かといって、そんなに苦しいことではありませんでした。このご先祖様の思いに気づけたことで、きっと供養につながっていると思います。

お墓へ行って、お祈りすることだけが供養ではありません。生きているときにやりたかったことを果たせずに亡くなっていったご先祖様の無念を理解することで、代々受け継がれた「悲願」に気づくことで、その気づいた方の代からの悲願の成就が始まるのです。

つないでいただいた命のバトンに感謝するとともに、引き継がれた思い（悲願）を次の世代へつなげる責任があるのです。

最後に、「決意」です。

事が成功する一歩手前で、上手くいかなかったことがこれまでありませんでしたか。「あと一歩だったのに」「なぜこうなったんだろう」と途方にくれることもありませんでしたか。

私もこれまでの人生で、行動した後で向き合う後悔がたくさんありました。決断や判断の間違いといえばそれまでですが、そう決断した、判断した理由があったはずです。その理由に思いと感情と行動の「ズレ」があったのです。自分の決断のくせがあります。その決断のくせにあるズレこそ一族のくせであり、習慣です。

ご先祖様の時代から毎回繰り返されるこのズレを起こさないようにするには、まず「やめる」と意思することが大切です。やめるのは決断や判断のくせや習慣。この一族のやめなければいけないくせや習慣をまとめます。

そしてその先に何があるかをまとめていきます。自分の喪失体験、失敗体験、一族の仕事やくせ、習慣の流れから見えてきた変換方法を利用して、「自分がこの世に生を享《う》けている意味」について考え、そして気づいたこの視点の先に何ができるかを考えます。自分の生きる道に対して何を意思するかということです。

私たちはこれまで生きてきた中で、無意識、そして無関心と思われてきた出来事を通じて、いろんなメッセージが送られてきています。

そのメッセージにアンテナを向ける術《すべ》を知らなかっただけです。


私の一族も複雑なのですが、父方から出てきた流れが、

『人のために行動するが、「人のため」と思っている根本が「我」であり、「欲」である。自分をなげうってその人のためと思うのではなく、その人が自発的に動く習慣を提案するのが役割。自分自身も人のためにと行動することがあるから、今自分が向き合わなくてはいけないことから脱線するのは正しいことと思わず、自分ができる最大のリズムを生かし、共に活かし合える環境づくりを心がける』

とまとめました。そして、母方から出てきた流れを、

『小さいお山の大将になって、気ままに、そして欲のままに生きていくと財をつぶす。理想や行動力はあるのだから、事象の根本、基礎をしっかり研究し、自分が理解してから世に伝えることが役割。決して押しつけず、自分の感覚だけで事象を理解せず、基本から理解して活用法を生み出し、それを大きな視野に立って相手へ提案する。自分の中で処理せず、相手と言葉を交わして共に歩む』

とまとめました。

その両方の視点を結合すると、

『伝えることがある。事象の真理を理解し、行動の原理原則を法則に変え、今必要な人に中庸

な心で届ける』

となりました。

自分が経験してきたこと、その経験を我や欲でコントロールしようとした結果、いろんな人を傷つけ、そして自分自身を傷つけてきました。その先に何があるかなんて考えることなく、将来自分が何をしているかも考えることなく生きてきたこと、そしてたくさんの喪失体験の中で、学校で学んできたことに対する視点を取り違えていたことなどがありました。自分が本質で生きてきていなかった事実に気づかされました。

精一杯がんばっていると思っていろんなことから逃げずに戦いを挑んできましたが、自分にはそんなに勝ち誇れる力はないし、ましてや争いをエネルギーとすると「我」がますます出てくることに気づきました。いかに中庸な心を持つか、人に向き合うとき、自分の目線で観るのではなく、いかに客観的な感情で接するか、それは冷たくあしらうのではなく、その人が求めている根本を理解することが大切であるということに気づきました。

本来「安らぎと安心」を人と共にゆっくり作り上げていくことが人生の目的だったのに、自分の力で社会に挑戦することが自分の人生だと思っていたのです。

もちろん、今は違います。完全ではありませんが、生きる習慣を変えてきています。そして、私は今、この本を書いています。しかし、原稿は発表の五年前には仕上がっていたのですが、脳梗塞を患い、自分の人生計画を大きく変えないといけなくなりました。その間に離れていった人がいます。新しく出会った人がいます。病床で気づいた大きなことがあります。それを整理し直すのに、五年の歳月がかかりました。

生きる習慣を変えるということは容易なことではありませんし、何をどう変えていいか気づけることでもありません。私はこの人間本質学を学び、易学で中庸な目線というものを理解し、一族の習慣やくせを悲願に変換することを体験してきた中で、この境地がイメージできるようになりました。この章の後半に書いたことはあくまでも私の役割であり、みなさんとは違います。みなさんもまずは一族の悲願を見つめることで、何を受け継いできたかが少しでも見えてくることでしょう。

今まで生きてきたあれが「悪いこと」、これが「良いこと」と二元論で判断してきたことは、二次元の世界。人でいうと二人称までが存在する世界です。つまり私とあなた、それとこれ、どちらが正しくてどちらが間違いかで生きる世界です。

しかし私たちは三次元の世界で生きています。その三次元の世界で、感覚が二次元だから批判や争いにつながっていくのです。三次元は三人称が存在します。つまり第三の目線があるのです。敵でも味方でもない視点を入れてくれる目線。それが三次元の目線です。

しかし、三次元にいながら二次元的に物事を判定している私たちがいるように、その三次元的目線に気づくには、私たちが感じ方を一次元上げないと気づけないのです。そのためにあるのが四次元という混沌とした世界ではなく、「三・五次元」という中間の世界です。

その世界に行きつく要素の一つが、一族の習慣を観る、そして悲願として受け継ぐことなのです。

中庸な目線、客観的視点を持つための要素の一つとして、この章を味わっていただけたらありがたいです。

第七章
今を生きる、時を活かす

イラスト・益満遥士

▼▼▼ 時間の世界は常識でとらえない！

心を共有するシンクロニシティの存在

「あっ、今シンクロしたね！」「私も今、そんなこと思ってたよ」

ごく自然に生まれるシンクロの世界。みなさんもこんな経験があるかと思います。たとえ離れた場所にいても、同じ時間に同じようなことが起こる。これを「シンクロニシティ」といいます。例えば、「友人に電話しようと思って携帯を手に持っていたら、友人から電話がきた」という心の共有を感じる経験もその一つです。

一方、「ものが割れたと思ったら、同じ時間に親戚が亡くなった」という経験はありませんか？　よく「靴ひもが切れたら凶事の兆し」などとも言われています。この、深層心理と自然現象がもたらす、因果律とかけ離れた現象もこのシンクロニシティの一つです。

この、一見合致しないユングの深層心理学の世界から見出した心の原点にあるとされる「集合的無意識」へ、パウリの理論物理学の世界から見出した「排他律」が説明を加えていったことで、シンクロニシティの存在が論理的に見えるようになってきました（『自然現象と心の構造』カール・グスタフ・ユング、ヴォルフガング・エルンスト・パウリ共著）。

シンクロの世界とは、偶然の一致と思われることが多いでしょう。「東京駅で偶然、友人と出会った」こともその一つ。「エジプトのことを考えていたら、エジプトに関する番組が始まった」こともその一つ。しかしこの現象は、因果が明確ではないから「偶然の出来事」ととらえるのではなく、共時性（動物や人間の原点に普遍的に流れているもの）に気づくべき時に起こった強いメッセージだとユングは伝えています。

私たち日本人はその感覚を「虫」と置き換え、「虫の知らせ」などと慣用句で伝え続けています。一瞬ふとよぎった思い、その思いに気づくことで、自分が今気づかないといけない思いや行動に気づけるのです。

ユングは「集合的無意識」という考え方の中で、「共時性」という集団の中に自然と流れている感覚にも触れています。その行動の形が、スポーツ界で行われている「円陣を組む」という形にも表れています。

この行為自体は、気持ちを高める目的とされていますが、なぜ気持ちが高まるか、それは、共時性の確認であり、集合的無意識からそれぞれが自我を飛び越えて役割を理解すれば、自ずとそれぞれの役割の中で活躍するという論理に行きつくからです。

「勝ちたい」という思いを「オレが何とかする！」と意思すると失敗しやすいですよね。「力み」と言われますが、我の増長にあるのかもしれません。ここで「みんなの力で」を意思すると、集団の力が働きます。よくスポーツの世界で、１＋１＝２ではなく、１００にもなると言われるのも、この論理で説明がつきます。

このように、人は思いが共有できていれば、言葉を交わさなくても同じ方向へ無意識の感覚で向かっていて、それが目的達成の可能性を引き出していきます。このシンクロとはまさに、空間を飛び越えた心の現象だったのです。それがさらに時空を超えると……。

時空を超えるデジャブで出会えるもう一人の自分

みなさんは異次元の存在を信じますか?

以前は単なるファンタジーの世界ととらえられてきたこの次元の感覚。私は幼少の頃からパラレルワールドが展開される小説が好きでした。三次元空間の集まりが四次元であり、私たちが暮らしているこの世界以外にも三次元世界が同時に存在しているというものです。

最近でも、織田信長の時代にタイムスリップして、自分が織田信長として歴史で生きる映画がヒットしました。これらの作品は往々にして、結局〝時〟に挑んでも〝時〟本来の修正力には抗えないことを示していることが多いですね。

一方、歴史に果敢に挑戦する小説もあります。自分が歴史を変えていく中で、不遇の歴史物語を痛快に変革していく物語。別の選択から生まれる違う時間への動きに、わくわくさせてもらえます。

このように、タイムトラベルを描いた作品は多く存在していて、子ども心をくすぐってくれます。この時を自分が暮らしている時間に置き換えて、「もし、あの時に別の道を選択したらどうなっていたの？」「今、この時、違う次元の自分が同じようで、でも少しずつ違う反応をしているのでは？」などと考えてみると、空想の世界が広がっていきます。

パラレルワールドの考えは、宇宙の誕生の源とされる「ビッグバン」にさかのぼります。ビッグバンが発生する前は、正物質と反物質が対の存在として同じ数だけ存在しましたが、ビッグバンによって正物質が生き残ったと言われています。では、反物質はどこへ消えたのでしょうか。反物質は消滅したと言われていますが、逆にその反物質だけが集まった世界、つまり異次元があるのではないか？　このとらえ方が、パラレルワールドの世界観の中にあり、何らかの刺激でその入り口が開くときがあると伝えています。これは一見、ファンタジーそのものの世界観であり、空想の世界と思えますが、必ずしもそのすべてを否定することはできないのではないでしょうか。

その例として、記憶にあることが現実に目の前で展開されること、みなさんは経験がありませんか。今起きていることは、明確に以前に見た景色だと思える瞬間。これが「デジャブ」と言われるものです。

科学的に根拠がなく、脳の錯覚に過ぎないと批判的な意見も多いですが、精神分析学者のジークムント・フロイトが論理を展開していて、後の臨床心理学の基礎ともなっています。このデジャブを使って心の調節に成功しているケースもあるのです（この本ではデジャブは存在するととらえて展開していきます）。

私たちはデジャブの存在を出来事の予知夢として観るだけではなく、鍵となる出来事が過去の思いを甦らせる「トラウマ」のベースになっていると観ることができます。

人は経験の上で生き方を見つめ直すことができる動物です。時に歴史は、困難にぶつかった「私」が、その中でどう生きるかを異次元の世界からメッセージを送ってくれているのです。次元が違う世界に、「もう一人の自分」が存在し、そのもう一人の自分が正物質の中で生きている「私」へ対称的な感覚となるメッセージを送っているのです。

もちろん、存在が分からない世界なので、出来事、そしてシンクロとしてメッセージを伝えてくれています。これは、不思議な存在ではなく、特別な存在なのでもなく、誰にでも訪れている気づきのチャンスがあるのです。

人は、人生の中で幾度も自分で決断をしなければならない場面に遭遇します。この決断がターニングポイントと呼ばれる地点で、どの道を選択したかによって人生は変わっていくものです。

例えば私が結婚するキッカケになったターニングポイントは、「私、オカリナを始めたんですけど、一人で練習するのが寂しくて……。誰か私といっしょにオカリナサークルやってくださる方いらっしゃいませんか？」と営業先で呼びかけたことです。普通、営業先で突然こんなこと言いませんよね。ましてや大勢の方がいらっしゃる空間で。なぜかその言葉を「今伝えなきゃ！」と感じて、意を決した行動だったのです。そこで唯一反応した方が、妻であり、今でも仲間を増やしながらオカリナサークルを続けています。

妻には公私ともに支えてもらいながら、やりたいことにとことん挑戦させてもらっています。

今の私の存在は、この場面がターニングポイントでした。今ここにいる自分が、もしあの時に違う行動をとっていたら、違う自分が今存在していることでしょう。動いた後の世界の自分、動かなかった後の世界の自分、そのすべてが自分なのです。

しかし、どういう方法を選択したかで、自分が受け継いできた習慣力の使い道が変わってきてしまいます。直感、つまり感情で選択した場合、欲や我で動くことになり、我の増長や欲の追求が強くなることがあります。そうすると、本来の自分の役割とずれていき、自分ではない習慣的感覚に支配されるから、さらに欲求が強まっていくのです。思うようにいかないと思っている人生の大半がこのとらえ方の違いです。

一方、思考して選択した場合、先の自分のあり方を創造しながら、今自分が選択する意味を味わうことになります。つまり、次元が溶け合うこと、時間を超えることであり、自分の役割が動き始めるきっかけになります。私の場合は「オカリナを通じて地域貢献していきたい」の発想から出た発言が、直感と感じていましたが、今思えば営業トークはさておき、その先の自分にとって伝えるべき「思考の言葉」だったのかもしれません。

▼▼▼ 時間は意識するのではなく、味わうもの

～三六五日と二六〇日の溶け合い

学校で「明日までに宿題を終わらせるように！」と、先生が生徒に期限を区切って命令を出したり、会社でも上司が部下に報告書のまとめを、期限を区切って指示（命令）したり、営業先から期限を区切った納品の依頼などがあったりします。

私たちは一年三六五日のカレンダーと二十四時間のサイクルの中で生活していて、そのとらえ方次第では、自らが時間を物質と権力の中で使っているように見えて、時間に囚われていることがあります。この時間に追われ、時間におびえる環境を「時間奴隷」ととらえます。

私は目に見えるどこにでも時計を置いていて、常に時間を気にしながらスケジュールを組み立てていました。一分一秒を削るためにどうするかということに意識を傾けすぎて、そこに「心」が消えていく経験もしてきました。制作物を出す時にも、納期を大事にすることは大切ですが、あまりにもそこに囚われてしまうと、「何のために」が抜けてしまい、良い仕事ができませんでした。人は何かを得るために時間の中で生きていますし、「心が生きる」時間もこの世には存在しています。

現代世界のほとんどが一年三六五日を基準としたグレゴリオ暦を採用していますが、国によってはまだ独自の暦を使っている地域もありますし、宗教上の暦と並行して使用している国

もあります。また、独自の法則として、二六〇日を一周期とするマヤ暦（ツオルキン）と言われる暦も存在しています。

時間を支配できるのは、時の権力者。日本でも元号を変えることができるのは皇位が継承される時であり、自分が生きた時代を自分の歩みと同じにすることで、時間を支配することにつながっています。また、前述の例のように、先生や上司が生徒や部下に指示を出すのも、時間に囚われたものがほとんどで、物質至上社会で生きている現代では当たり前のこととなっています。

現代は「ストレス社会」と言われていて、仕事や学業が忙しいほど、知らず知らずのうちに心にストレスが溜まっていきます。ただ、この「忙しい」は、人によって依頼された分野での支配関係にある場合に強く出るもので、指示や命令を消化しなければいけないことと、結果を伴わなければいけないことに意識が向けられたストレスにあります。つまり、自分の「思い」というものが無視される行動が伴われるわけで、心にとっては負担が大きく、本来自分が意思してやりたいと思ったこととずれていけばいくほど「何でこんなことしなくちゃいけないんだ！」という感覚に囚われてしまい、ストレスが溜まっていくのです。

心が物質や時間に囚われてしまうと起きるストレス。これは軽減できないものでしょうか。

要は、三六五日の物質を生むサイクルの中に、心を安定させるカレンダーがあればいいのです。宗教上のカレンダーも存在しますが、私の中ではマヤ暦の暦法「ツオルキン」（以下、マヤ暦といいます）もあります。私の時間に対する意識を変えてくれた、この暦の話を少しさせていただきます。

マヤ暦は二六〇日を一周期とする暦法です。

紀元前三〇〇〇年頃に誕生した暦法と言われていますが、マヤ文明のもとで誕生した宇宙の法則の実践と言われています。

古代マヤ遺跡は、高度な科学で計算された設計がなされていて、宇宙からのエネルギーをうまく扱うための仕組みと心構えができていたのです。しかし紀元前三〇〇〇年といえば、文字や言葉もない時代で、なぜカレンダーができたのでしょうか。

研究者によると、古代マヤ人は「交信」できたと言われていて、テレパシーを使ったり数字や絵文字で伝えたりしていたと言われています。言葉はなくても音、「ＫＩＮ」（マヤ暦でいう「日」のこと）、紋章などでメッセージを表し、五二〇〇年分のカレンダーを作っていました。このマヤ暦に託された思いには、「精神の時間を生きなさい」というメッセージがあります。

社会でご自身本来の結果を出している人は、自分の役割や行動の時を冷静に見つめてきた人たちで、いかにそのチャンスを拾いきれたかで流れが変わってしまうものです。しかし、人間は「我や欲」をもって生まれてきていますし、一族の習慣に人生を委ねているため、そのチャンスを見つけることがなかなかできません。

しかし、このマヤ暦を使うと、前述にもありましたが、マヤ暦では「インラケチ（もう一人の自分の存在）」を見つけていて、その存在をカレンダーの中で説明しています。二六〇日を自分の心を中庸に見て生きたのがマヤ人で、欲ではなく自分の目的や使命を感じ、今自分が何

365日と260日のバランスのとれた時間で生きる

に動くべき時かを見極めることができ、摂理や宇宙の法則に逆らわない生き方をしていたのです。時間に拘束されることなく、時間を味わう気づきと発見をインラケチから受けとっていたのでしょう。

よく自己啓発セミナーなどで、精神世界のことを追求していく団体があります。もちろん心のよりどころとして大切ですが、私たちは現実世界を生きています。現実の時間から逃げることはできませんし、逃げてもまた強烈なメッセージが返ってくるだけです。

みなさんもこの世界の中で人間関係や自分の仕事や事業、出来事にストレスを感じているなら、少しインラケチの世界を覗いてみませんか。二つのカレンダーをバランス良く使うことで、物質的にも精神的にも自分らしさを発見することが「今を生きる」近道になっているのです。

▼▼▼ 垂直時間と水平時間が「私」を活かす

時間は生き物であり、興味の有り無しで長さが変化したように感じます。この「時間」をどうとらえるかが、今生きている意味に気づき、自分の時を刻むことにつながります。

私たちは三六五日と二十四時間の時に意識を向けて生活していますが、その「時」にも広がりがありました。その定義をご紹介します。

一つが「水平時間」という時間のとらえ方です。この時間は、過去、現在、未来に横たわる時間の平面的つながりのことで、物事の成り立ちや生物の生成過程などの森羅万象の流れを理解できます。

まず、過去という時間を「歴史」と理解します。私たちが学校で学んできている科目学習の歴史には、「人は歴史を繰り返す」を観る意味もありました。過去の過ちを受け入れ、過去の成功を理解し、今につなげるのです。

伝記上の人物たちが失敗の中でなぜ成功につながったのか？　なぜ「いいこと」をやっている人が暗殺されないといけなかったのか、などを検証、考証することで、今（現在）を味わい生きることができます。これは、世界や地域の歴史だけではなく、一族の習慣を理解することも過去の検証であり、一族の思いを味わうことにつながります。この味わいという感覚が今の

水平時間と垂直時間

自分を生きて、未来につなげる起点になります。今の経験や出会いをしっかり味わうことができれば、未来を観ることにつながるのです。

しかし、今（現在）をしっかり味わっているかは、立ち止まらないと見えない景色があります。この、今をどう生きるかという味わいの高さを「垂直時間」と言います。

過去と未来を結びつけるには、現在を生きている自分という存在をしっかり知ること、そして出来事を味わうことが大切です。主観で味わうと、それが我の増長につながり、見える方向性が変わってしまいます。本来の自分をどう知るか、自分の役割、立ち位置をどう理解するかが未来につながる感覚であり、その一つが坐禅や瞑想の世界にあります。私も最近坐禅を経験していますが、今の心のあり方を観るにはとても大切な時間と感じています。坐禅や瞑想の世界に入ると、無我の境地で物事を観ることになり、今（現在）に味わいを与えます。この世界では自分の中から主観が消えて、時を味わう余裕が生まれます。

もちろん、いつでも無我に至るわけではありませんが、自分の中に出てくる感覚や反応を拒否するのではなく、「流す」とイメージすると、反応と戦うこともなく、自分の中を通り過ぎる感覚に気づけます。その繰り返しの中で、自然と一つの柱につながっていく自分をイメージできたら、時間に追われる感情（時間奴隷）の感覚からの解放が味わえて、心の奥底にあった怯《おび》えの存在、刺激に反応する感情の原因に出会えます。明確な解答には至らないかもしれませんが、心を落ち着かせることはできます。

いろんな学びを深めると、一日、一ヶ月、一年がとても長く感じられるようになるでしょう。それだけ、今という時間を味わっていることであり、時間が大切な存在に変わっている証拠なのです。

一方、無自覚な時間はあっという間に進んでいき、気がつけば「しようと思ったことが何もできていないのに」という時間との恐怖と戦います。この恐怖心は「何のために」が存在していないから出てくるのです。

無自覚な時間とは、欲や我の中にどっぷり浸かっている状態です。欲や我と向き合うことで、人の中に湧き起こる自己顕示欲や存在を認めてほしいという思いが出てくるかもしれません。時間のとらえ方一つが、時間奴隷からの解放につながっていきます。

瞑想で物質時間からの解放を

生きにくいと感じている今の時間なら、自分に合う方法を使って時間の幅にゆるみを持たせてみませんか。時間のつかみ方を変えてみませんか。

私は時間に対するとらえ方を少し変えて生活することで、過去、現在、未来が一つになることに気づきました。その時から時間に味わいが出てきましたし、出会う人、出来事に意味を感じられるようになりました。このイメージができたら、時間から受ける刺激への反応が変わってくることでしょう。

▼▼▼ あなたの反応、それは刺激好き⁉

刺激への反応

何かカンに障ることで、「爆発」や「崩壊」した経験はありませんか。

ちょっと怒りに火がつきそうなとき、人はこんな言動に走っています。「あの人が言ったことが気にくわない！」「この失敗はあの人のせいだ！」「この先、仲間外れにされたらどうしよう……」という心の中での叫び。そしてその後、この意見に共感できる人たちを集める作戦を無意識で始めます。「敵」「悪者」にしたい相手への包囲網を作るのです。

客観的に観ると、「どうでもいい」対応です。しかし、怒りや恐怖が頂点に達すると、もう後先が見えなくなり、相手を陥れる行為しかイメージできなくなるのです。他人から観ると些細なことでも、もう止まりません。「自分は悪くない！　正しいことをしている！」と。

しかし、この大人げない動きは、何がそうさせるのでしょうか。この反応を「主観による刺激」と呼びます。出来事や人とのトラブルの要因は、刺激への反応の仕方にあります。幼稚園生でも、小・中学生でもこの反応は存在します。そして大人の世界でも。

ではなぜ？

まずこの発端となった思いの根幹は「自己防衛」。「自分は悪くない！」を世間に伝えたいがために発言や行動が無意識でその流れを作ります。よく政治家や芸能関係者の記者会見で「バレバレなのに、なぜそんな言い訳するんだろう？」と、思わされることがありますよね。それでも「私」を守るために人は自己防衛に走るのです。

そしてもう一つが、相手に対する自分の存在意義の確認。「自分を認めてほしい」「自分に目を向けてほしい」という強い思いが言い訳や包囲網作りを招くこともあります。その後、反応したことに対して攻撃された側も自己防衛に走り出すと、事態はもう打開できない方向へ向かいます。ウソや偽り、虚栄心が、より人間関係を複雑にしていきます。そしてその作戦に乗っかってしまった周囲の人も、事の本質を忘れて、いつの間にかその状態に居座り、その視点でお互いを認識するのです。その後の結末はお互いに決して気持ちのいいものではないのに。

反応を変える

人からの目線、陰口、自分の見せ方を含めて「外の刺激」と言いますが、そこへ無意識に反応するのが生き物である証拠です。そこへ即答することは、本能または一族から受けた習慣からの叫びであり、自分の本質ではありません。良いか悪いか、誰を「悪」とみなすかという答えをすぐに出そうとしていることが二元論。正解か誤りかで出来事や人を判断してしまうと、それがまた「二元の世界」を生み出します。

二元の世界に存在するのは「私（I）」と「あなた（you）」の存在。つまり自分と目の前の人だけが存在します。刺激に本能や習慣で反応していると、そこに自分の味方をどれだけ作れるかに奔走していきます。第三者が介入してきても、敵か味方かに分けて存在しているので、結局二元の世界です。

そこに第三の目線を入れるのが、「冷静さ」を生むことになります。これを「客観性」と言います。感情が動きそうな時、瞬間的な反応の言葉の背景を探ると、自ずと自分、もしくは一族の習慣が見えてきます。その習慣が見えたら、「なぜそのような反応をしてしまったのか？」の要因を探して思考することで、「私」のトラウマになっている部分が映し出されてきます。

本能と一族の習慣の間に挟まっている本来の自分の「本質」を作動させるために、自分の怯えの元、虚栄の元を観ましょう。そしてなぜ言い訳をしようとしたのかの根本の「欲」を観ましょう。

見えてくると、自分の我に気づき、反応に変化が生まれます。とても難しい作業ですが、刺激への反応を変えることは、これまでの一章からこの章までの集大成であり、自分らしく反応するきっかけと幸せをつかむ礎になります。

▼▼▼ 幸せになりたい！　でも、幸せって何？

幸せの価値観～私の幸せ　ここにあり！

私は、父が日雇い労働者だったので、経済的に不安定な家庭で育ちました。そんな生活の中でサラリーマンへの憧れを強く持っていました。

二十二歳で大学を卒業後、待望のサラリーマン生活を始めました。好きな職場に採用が決まり、これから夢みたサラリーマン生活をしたい！　早く結婚して、子どもを二人育てながら温かい家庭を築きたい！　この普通の生活がその当時の私にとっての「幸せ」の定義でした。

しかし、働き始めてからすぐに体調を壊し、半年間の入院生活が始まりました。社会で普通に働く自信があった私にとって、この入院は大誤算。結局自暴自棄になり、新卒で採用された職場をあっさり退職することになります。

そんな時、入院中のベッドに父が「地方公務員のエントリーシート」を持ってきました。「お前は公務員になれ！」そう言われた時に、私には反発する余力がなく、言われるがままにそのシートに記入し、公務員試験を受けることになりました。その当時九十名が受けて二名しか採用されない試験でしたし、試験勉強も全くしていなかったので、「どうせ受かりっこない……。退院したらアルバイトしよう」とあきらめていた私ですが、予想外に内定をいただくことができました。

「こんな自分を受け入れてくれる場所があった！」と、翌年の四月からは仕事の鬼と化し、働ける喜び、居場所がある幸せをかみしめて精一杯働き続けました。職種にも恵まれ、いろんな住民の方と接したり、交流事業で毎年数回の出張があったりと、とても有意義な時間でした。

しかし、その幸せと思っていた時間も長くは持ちませんでした。父が急性骨髄性白血病になり、病気が発覚後、半年でこの世を去ったのです。

私は好きなことをめいっぱいさせてもらっていた中で、父の病気に気づけなかった自分自身を許せなくなり、ふさぎ込む日々を過ごします。そんな中で思い出したのが「好きなことをやって死にたかった」と病室でもらした父の一言。今、このルーティーンのような当たり前の一週間サイクルを生きていて、自分は幸せなのか？　私が本当にやりたいことは何？　と自問自答を繰り返しました。

そこで見えてきたのが、自分が気づいていない自分の存在でした。

私は元来子どもが嫌いと思っていましたが、子どもたちと接している中で一番無理していない自分がいることに、自問自答の中で気づきました。ボランティアで英会話教室をしたり、近所の子どもたちと遊びに行ったりすることに喜びを感じている自分に気づいたのです。そして私の中でたどり着いた目標が「コミュニティースクールづくり」でした。

その後は公務員をすぐに退職し、退職金五十万円を命綱に二年間人生修行をしてから、現在の学習教室を開校しました。

決断と同時に収入は激減しましたが、最良のパートナーと出会い、最高の仲間や生徒たちと向き合っています。やりたい自分の仕事を日々追求することで、休みは少なくても、全く苦にならない人生の幸せを感じています。従業員への責任、生徒たちへの責任はしっかり受け止めながら、何ものにもとらわれない自分らしい生き方を味わえている中で、今までにない幸せを感じながら過ごしています。

幸せと感じることは人それぞれ違います。いい家に住みたい、お金持ちになりたい、スターになりたい、好きな人と結婚したい、普通に暮らしたいなどなど、目標は何であれ、自分が追い求めていた場所へたどり着ければいいと思います。

しかし、どんな目標へ向かうにしても、苦しみ、悲しみ、喪失体験は伴います。その人生の苦しみをも味わえる心の余裕が育ってこそ、そこに幸せがあるのではないでしょうか。目標地点へ向かう課程（プロセス）にこそ、幸せがあると今は強く思います。結果、幸せとは概念からの解放だったのではと感じています。

幸せをつかみましょう！

ここで、ご自身の人生を振り返ってみましょう。

あなたの人生は楽しいですか？　苦しいですか？

人は生きているうちに、うれしい、楽しいことと同等の数だけ、きつい、悲しいと思う出来事に出会っています。つまり、先ほどの問いかけの中で「自分の人生は苦しかった」と思った人は、その部分だけが記憶に残っていて、その前後の楽しかった記憶が抜けている可能性があります。または、楽しいと思えたはずの出来事を壊していることもあります。

このきつい、悲しいと思った出来事は、もしかすると「自分にとっては」そう感じただけで、案外そうではないことかもしれません。

よく「神様はその人が乗り越えられる試練しか与えない」と言われますよね。人はどんなことでも受け入れさえすれば、その悲しいと思った出来事にさえ意味を感じることができます。そうすれば、今の自分にできること、この命の活かし方が明確に見えてきて、生きる希望（生きがい）が満ちあふれてきます。

活《い》きがい～やりがい～生きがいの法則

自分にとっての幸せとは「生きがい」を持つこと。しかし、そんな容易ではありません。私はそこにたどり着くには、ある法則があることに気づきました。

まず、人が幸せを感じる、生きがいを見つける根本にあるのが「自分が〝やりたい〟と思ったことを実現した満足感」から始まります。

やりたいという思いには自分の〝我〟が強く入っています。しかし、どこにも持っていきようのなかった〝我〟の居場所が見つかったことが、何よりも安心感をもたらします。

ただし、やりたいと思ったことでも、途中で何度も葛藤があります。途中であきらめようと思う場面があるでしょう。例えば、クラスで何かを企画したときに、人数が多ければ多いほど主張が多く、なかなか思うように進みません。

しかし、途中で投げ出そうとしても最後まで意見をぶつけ合ってでもやり遂げたときに、仲間意識と達成感が、この上ない感動を生みます。その先にある一筋の成功の光を見据え、達成できた喜びがその場面における自分の「活《い》きがい」を見つけるのです。

「活《い》きがい」を見つけた時の心境は「自分自身がやりたかったことをやり遂げた」という自己満足が強い世界です。ただ、この場面では、他人に見せる、他人に自慢するのではなく、したいことを心で実行したことがその場に共感・共有の波を起こしていきます。

そうすると、自分だけが楽しんでいると思ったら、周りの人たちにも感動・喜びの共有があったことに気づきます。競い合う成功体験ではなく、場を共有したことから生まれる出来事が感動とやりがいにつながっていて、しかも、その感覚を共有している人がたくさんいることに気づけます。

自分がしたくてしたことなのに、その後で他人から感謝される。その心地よさをまた味わいたくて、また同じようなことをしていきます。これがまさしく〝やりがい〟につながっていくのです。

例えば、ミュージシャンがするコンサートやスポーツの試合がそうなのかもしれません。「自分のために」を超えた試合からは感動が生まれ、音楽からは共有される波が起こります。そして、他人との比較ではなく、心の裡《うち》に向かうことで、自己満足の世界と思っていたことが自分の心の内側に「喜び・幸せとは?」を感じ直すきっかけを与えてくれるのです。この感覚を味わいたいから繰り返したいと思うことを〝やりがい〟と呼びます。

ここまでくると、生きている意味、自分の役割を感じ取ったことへの素直な喜びに満ちあふれ、どんな出来事でも受け入れることができるようになります。そしてご先祖への感謝が、自分の可能性を引き出して進み続けるきっかけを与えてくれます。これを〝生きがい〟と呼びます。この感覚を味わえるのが、時間の感じ方であり、自分の持っている感覚のつかみ方です。

自分の存在が周りで受け入れられていると感じ、「自分はこの場にいていいんだ」「ここで生きていていいんだ」と感じた「活きがい《い》」を見つけ、一族から受け継いだものを感じ直して実行したことで、こんなに人と共感できるんだと実感したやりがい。そこから見えてきた、一族が果たせなかったことを実現していくことへの感動。この一族のやり直しこそが、今私たちが受け継いできた命の活かし方です。

自分の役割に柱を見つけ、生きがいとして実践を積んでいってみませんか。もうどんなトラブルが起こってもブレないあなたの心が完成に近づいていています。
これこそ「幸せをつかむ！」と言えるのではないでしょうか。

最終章
フラットな目線で「私」を活かす

イラスト・益満遥士

▼▼▼ 宇宙の成り立ちと人の歩み物語

小さな刺激と小さなプライド

人は「私」に対して違和感を与える存在を刺激と感じ、自己防衛的に反応します。プライドを護《まも》ろうとするのです。そうすると、恨み・妬みなど、負のスパイラルにはまっていきます。また、そういう感覚をもって小さな集団で語らいを始めると、人はやはり愚痴を言い始めます。「吐き出していいよ」の言葉に誘われるように愚痴を言い続けると、すっきりするというより、それが怨念に変わり、より一層闘争心をかき立てていきます。「あいつが悪い！」と。小さな刺激への反応でスタートした自己防衛本能が、いつの間にか大きな怨念へとエスカレートしていくのです。

また、仲間との語らいはとても心地よい空間です。懐かしさや共感を呼び起こし、心が晴れ晴れしていきますよね。しかし、うがった言い方をすると、この「仲間」とは、同じ意見を持ったグループ、つまり同質の空間なので、「私」たちを認め合って存在する空間なのです。とても大切な、そしてありがたい空間なのですが、その空間にばかり身を投じていると、新しい感覚や気づきはもらえません。「私」の成長をサポートする感覚を養うには、異質な空間との出合いも必要なのです。

「私」を成長させるのは、耳の痛い「苦言」。その言葉をどうとらえるか、です。

なぜ痛いのか？　そうとらえようとした瞬間にシャッターを下ろすと、成長のチャンスがつぶれます。とりあえず、耳の痛い言葉でも、一回受け入れてみましょう。本能的な感情でとらえずに、「私」の本質で理解する客観性を発揮できれば、自分なりにその言葉を受け入れることができますし、もしそれでも受け入れることが難しい言葉なら、それはその言葉を発した人がその人の感情で発した言葉であり、その人自身の自己防衛、虚栄心の言葉なのです。

そうはいっても、叱ってくれる人への感謝は、若い頃には難しいことでしょう。また五十代を過ぎてからは受け入れることはなかなか難しいでしょう。十代、二十代は「自我」の追求心が強く、自分が進んでいることと〝真逆の言葉〟に対して刺激を感じ、プライドを護るために拒否反応と攻撃性が高まります。なぜその人がそんなことを「私」に言ってくれたのか、言う側も嫌われたくないと思うから、苦しいはずです。

その相手の心を客観的に理解する感覚の持ちよう、避けたい出会いや出来事に対して、「自分にとって何の理由があって出合うのか」の意味を理解してみませんか？

最終章では、「溶け合い」につながる第三者目線（客観性）を手に入れるための最高のツールの紹介と、それを活用した「私」の人生の選び方と「私」の活かし方をまとめていきます。

宇宙の大きさから観る自分の客観性

日本の人口は約一億三〇〇〇万人。世界の人口は約七十七億人といわれています。また、日本の長さは約三〇〇〇キロメートル。地球の一周は約四万キロメートル。しかしこの大きな地球も、太陽系の一惑星に過ぎません。

その太陽系も銀河系の一部。その銀河系も局部銀河群の一部。その局部銀河群はおとめ座超銀河団の一部。おとめ座超銀河団は直径が二億光年といわれていて、想像もつかない広さです。

その周りにも同じような銀河団が無数広がっているのが宇宙です。目に見える領域と、広大な宇宙の広さには、こんなにも感覚的に実感できない差が広がっているのです。

その中の一人が「私」という存在。宇宙のスケールで観るとちっぽけな存在ですし、この存在が世界や宇宙に大きな影響力があるとは思えません。

だから、宇宙の大きさをイメージしながら「私」の欲を思い返すと、「この主張に何の意味があるのだろう?」と冷静に見えるものがあります。その感覚で自分をとらえると、客観的に自分が見えてくるのです。

一方、「私」という存在は宇宙以上に大きな存在です。「私」の世界の中では「私」が活きる道を中心に人生を生きています。しかし、その存在を「我」で観ると、見える役割も見えなくなります。一歩下がって「私」の全体像を観ることで、その空間の中、その集団の中での「私」の役割が見えてきます。

宇宙のスケールで見ると大きな存在ではありませんが、唯一無二の存在として生まれた「私」は、「私」にしか果たせない役割をもって、この地球、そしてご両親のもとに生まれてきたのです。

▼▼▼「自分人生」の物語を描く　～易学で観る自分の物語

「なぜ自分にこの出来事が訪れたのか?」「この人と出会った理由は?」に意味を感じると、「私」の人生の役割への気づきが表れます。

しかし、人はそれを主観で見るため、自己防衛が働き、本来の意味を見失い、考えれば考えるほど、「悩み」に変わり、恨み、妬みとなり、それが怨念へと発展してしまいます。

しかし、私もそうでしたが、『易経』に出合ったことで、その感覚が変わってきました。易経の習慣化が、「自分人生」の物語をひもといていくことに気づいたのです。

易経とは

易経は約三五〇〇年前の古代中国で、伏羲《ふっき》によって始められ、周の文王の子によって大成された四書五経の一つです。

四書は『論語』『大学』『中庸』『孟子』、五経は『易経』『書経』『詩経』『礼記』『春秋』で、「五経を以て四書よりも高しとする」と言われるほど、五経の存在がその後の学問の歴史に大きな影響を与えていきます。

『易経』は、五経の中でも、儒教の始祖「孔子」が特に重要視していたと言われています。古代中国では、「皇帝の学問」とも言われていました。その理由は、『易経』が「時間と事象の流れを操るもの」だからです。

その後『易経』は、アジアばかりではなく、ヨーロッパの心理学の世界にも影響を与えていきます。かの分析心理学の創始者「カール・グスタフ・ユング」も、『易経』をもとに共時性理論に確信を持っていきます。

『易経』は、人類に思考と知恵を与えて、環境の変化に対応しながら生きるきっかけを与えてくれます。『易経』のシンボル「太極図」が示すように、出来事が「陰」と「陽」の対立と統合で成り立ち変化していく法則を説いています。「人間万事塞翁が馬」の物語にあるように、生きていれば良いことも悪いこともある。そこを経験と感覚だけで生きていくのか、その出来事をどう受け入れて、自分の人生に法則を観て生きるのか、が問われたとき、「私」の意志が明文化された言葉で表現されています。

易経は「当たるも八卦、当たらぬも八卦」と表現されるほど「占い」の一種と言われていますが、「私」の人生の普遍的な物語を紡いでいる「人生マニュアル」と言った方が、易経の主旨と合致するでしょう。

『易経』の世界観を
表す太極図

日本での『易経』の著名人といえば、幕末から明治維新、文明開化という激動の日本に生きた、日本の易聖「高島嘉右衛門」がいます。日清・日露戦争を占断したことでも有名です。

ただの占いではなく、明治初期からの不透明な日本の行く末を占断

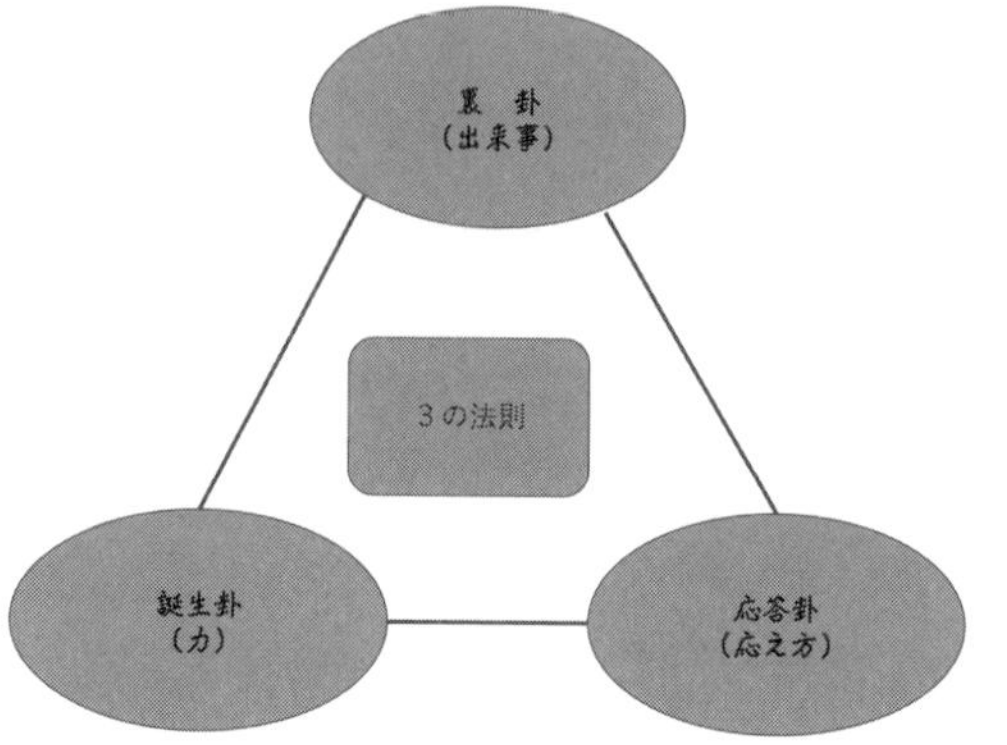

『易経』の法則図

した人物で、嘉右衛門は、政府の要人などが忠告しても、命令しても、人の「ことば」に従わず、易経の言葉を「同行二人」の相棒として寄り添い生きた人です。

現実世界を生きる上で、本能や欲や自我ではなく、中庸な第三者目線で生きた実践哲学者。聖人的な生き方ではなく、人そのものを生きた人生で、ビジネスマンでもある彼が行き着いたのが、善悪や欲にとらわれないフラットなバランス感覚で見せる感情であり、実践法です。

決して清く美しい生き方をしたのではなく、「自分を活かす」を実践できた彼が大いに活用した易経。その基本的な世界をお伝えします。

『易経』は、六十四卦の分類で成り立ち、その中を三八四爻《こう》に分けた物語になっています。他人事の物語で書かれているからこそ、自分自身を置き換えつつ客観的に分析できるのです。

一卦には六爻あり、一日一日、つまり一爻一爻にメッセージがあり、物語が生まれます。その客観的なメッセージを通じて、自分の感じ方、止まり方、進み方を教えてくれるのです。この本では、占断としての『易経』ではなく、人生を紡ぐ物語としての『易経』の使い方を見ていきます。

まず、自分の誕生日から持って生まれた誕生卦を見つけます。そこに、その人の人生の目的が書かれています。そのメッセージに、第六章でお伝えした自分の一族の習慣から生まれた思いを結びつけることで、今の「私」の役割が表れてきます。

その役割を明確に知るために、『易経』の構成要素である、「陰」の存在に目を向けます。つまり、自分の卦の裏にある卦を読み解くのです。その裏の卦が出来事を通じて、自分が持っていなかった新しい感覚を伝えてくれます。そして、刺激へ感情と習慣で反応してきた「私」が本来応えるべき方法も計算で出すことができます。

今まで自分に「虫の知らせ」を伝えてくれた感覚、気持ちをつかめれば、『易経』で伝えている陰と陽の関係にある〝もう一人の自分〟との融合で、完全体の「私」を知ることができます。良いも悪いも飛び抜けた「私」らしい考えを、私心なく役割に向けて取り出せる「私」。第五章でお伝えした「ジョハリ」の窓のように、「私」も「あなた」も知らない本当の「私」の存在に気づけるようになります。

また、『易経』を使うと、「私」の生きる法則を知ることができます。生まれた時に持った卦の流れから計算していくと、年間の卦が生まれます。その年間の卦に一年の物語があり、裏の卦で出来事を予知して、自分の心の持ち方、動き方を理解するメッセージが書かれています。そして、「私」が生活している一週間にも「私」の流れがあり、週間の生き方を観ることができます。

物語を読む時と同じで、『易経』は何となく読んでいても、つながりやつじつまが分かりません。物語と同じように、人生にもつながりやつじつまを見つけるためのキーワードや節目が存在します。春夏秋冬の季節と同じように、人生にも盛者必衰の理《ことわり》があり、流れに抗わなければ苦しい時も自分の糧にできるのです。

その中で、自分の人生を決める一年、自分の仕事を教えてくれる一年などを見極めると、「私」の人生物語を「我」ではなく「流れ」でうまく生きた人になり、「私」らしい成功を味わえるのです。

それぞれの六十四卦の読み方やより細かい知識をお伝えしようとすると、それだけで一冊以上の内容になるので、ここでは易経に関する知識や使い方はこれくらいにしておきます。ただし、これだけではイメージしづらいと思いますので、人生を『易経』に当てはめて観た際、うまくいった時、苦しかった時が如実に表れているお二人の著名人を例に、『易経』を活かすイメージをお見せしていきます。

○お一人目：稲森和夫氏

稲盛和夫氏は日本を代表する実業家で、京セラ、第二電電（現ＫＤＤＩ）の創業者です。

稲盛氏の性質を人間本質学、そして易学で見ていきますと、「自らが汗をかきながら事を始め、人を大切にすれば、目的（社会的意義の探究）を成し遂げることができる。謙虚と感謝の心がキーポイント」と表すことができます。

次に、稲盛氏の人生の流れを『易経』の枠に当てはめて観ていきます。

①人生に問いかけと変革の流れが訪れる時に結婚と会社設立（京セラの前身）を決意。
②生涯の仕事・役割を決定づける時に、全国の経営者に経営哲学を伝える盛和塾を開塾。
③人生のリスタートの時に第二電電（現ＫＤＤＩ）と財団法人稲盛財団を設立。
④人生の試練・チャレンジを迎える時に臨済宗妙応寺で得度し、僧籍を得る。
⑤人生を決定づける時に稲盛財団記念館を京都大学へ寄付。
⑥再度人生に問いかけと変革の流れが訪れる時にＪＡＬの会長を無給で受ける。

稲盛氏の実業家としての流れを追っていきますと、人生の節目が『易経』の流れに沿っていて、私心を捨て去った時に、次のステージへの階段が表れている人生です。人生の目的である「人を大切にしながら社会的意義を追求していく」を実践されているので、人生の節目で役割につながる事業や行動を起こしていらっしゃいます。

○お二人目：スティーブ・ジョブズ氏

スティーブ・ジョブズ氏は、アメリカの実業家で、アップル社の協同設立者です。氏の性質を人間本質学、そして易学で見ていきますと、「指導的立場に立てる人。人々に訴えかけ、人の心を揺り動かすパワーを持っている。ただし、外に刺激を求めて欲で動くと礼節を失い、民衆から淘汰される。いかに心の内側へ目を向けられるかが鍵」と表すことができます。

次に、流れを『易経』の枠に当てはめて観ていきます。

①人生が変革する時にアップルコンピュータの開発に着手し、販売を開始。大学での単調な勉強に嫌気がさして、「禅」などの東洋文化に興味を持ち、探究。
②人生が決定づけられる年回りに「アップルⅡ」を発売し、会社の利益が激増する。
③人生の問いかけが訪れる時にマッキントッシュプロジェクトへ〝強引〟に参入。
④人生の仕事が問いかけられる時に、「トイ・ストーリー」の全編ＣＧ映画に挑戦し、新しいエンターテイメントの形を見出す。
⑤損して得取る時にアップルの暫定ＣＥＯとなり、年間一ドルの報酬で働き、業績を回復させる。
⑥人生物語の始まりを表す時に、「マックＯＳ」を改良して、「ｉＰｈｏｎｅ」の原型となる「ｉＰｏｄ」を制作すると同時に、ガンとの戦いが始まる。
⑦人生のリセットの年に「ｉＰｈｏｎｅ」の販売が始まる。

⑧⑥の現象化の時に、亡くなる。

失望とチャレンジの繰り返しがジョブズ氏の流れからうかがわれます。彼の猛烈なこだわりが争いや破壊につながり、許しが周りに力を与えています。彼は一度アップル社から追放されますが、正式にアップル社へ戻った時からが、ジョブズ氏の人生の本当の挑戦の始まりだったのです。

それが「自分（我）」と「人」とのコラボレーションの集大成。つまり彼はＩＴを追究したのではなく、エンターテイメントを追究した人生だったと言えますし、その境地から世界のエンターテイメントツールとしての大改革をもたらした「ｉＰｈｏｎｅ」が誕生しているのです。

お二人に共通しているのが、第三者目線を手に入れるために、「禅」の世界へ足を踏み入れたことです。

会社の経営者ともなると、どうしても「利益」を追求しなくてはいけません。しかし、その利益を自分の名声のために追い求めるのか、従業員とともに社会へ自分たちが伝えられる可能性を見せるために追い求めるのかで、経営の軸が変わります。

軸をどこに据えて、その中で何を伝えるのかを明確にするためにも、経営者自身、そして自身が運営する企業体の役割すら明確に理解しなければなりません。「私」が作った動機ではなく、動機と思わせる動機を探るのが『易経』の世界。最初に浮かんでくる動機は、自分を正当化するための動機であることが多いのです。易経の言葉に従うとは、権力者や教育者の言葉に従うのではなく、中庸なもう一人の「私」の言葉に従うことであり、完全体なる「私」本来の生き方につながります。

この世界観を、私は易学という学問として、中・高生時代からみなさんに携わっていただきたい、そう願っています。

次に、易学と第五章でお伝えした人間本質学をコラボレーションした究極の日記をもとに、普段からの「私」を客観的に観る手法をお伝えします。

▼▼▼「私」を外から観る　〜第三者目線で観た「私」

流れに合わせて日記を作る

私は前述した易学と第五章でお伝えした人間本質学、そして第七章でお伝えした時間の使い方をもとにした日記を書き続けています。

この世界に誕生した目的と役割、それを追究するための年間や週間のリズムを書き続けることで、垂直時間と水平時間の使い方、そしてこの世界に生きていく限り必要な物質社会のリズムで見せるグレゴリオ暦の時間と、どの世界や次元でも共通する心の時間を融合することで、「私」の行動パターンや出来事にとって、意味と理由があることを、第三者目線で気づけるようになりました。

それでは、日記の作り方をお伝えしていきます。

基本的に、私は日記に一日一日の行動や出来事を書き連ねていきます。この一週間とは、独自の『易経』が表すサイクルで描きますが、そこに、一族の悲願と自身のサイクルを融合することで、その一週間でどんなことに気づけたかを、客観的に分析できるようになります。自分の習慣（くせ）を見つけるために、湧き上がった感情や言葉を書き出すこともポイントです。

その一週間が終わった日に、どんな人とどんなものに関わり、どんなことになったかをまとめることで、「私」に訪れる法則を見つけ、「私」の物語を紡いでいくのです。

この日記は、ただそのまま書き連ねると、主観の固まりになってしまうので、前述した誕生卦や年間卦、週間卦を記しながら、その日その日の出来事や出会いへの客観性を持たせていきます。

この日記を三年ほどつけていけば、「私」だけの精度の高い予言書ができます。易学と人間本質学である程度の予想は立つのですが、そのパターンを三回以上観ることができたら、毎年この周期に何がもたらされるのかが明確になってくるので、精度が上がるのです。

日記を書き続けることで、「この週にはこういう感覚・こういう引き出され方がある」と「私」を客観的に観る習慣がつきます。これが「中庸な第三者目線」なのです。第三者目線が習慣化されると、過去に苦しい、生きにくかったと感じて湧き出た怒りや恨みに、意味と理由があったことを知り、先の「私」が分かるので、これから先の生き方が生きやすくなります。

それができたら、「私とは?」の境地へ入ることができるのです。生まれてきたことへの奇跡、出会った人や起きた出来事の必然性を観る世界が、「私」の存在理由を高めていきます。

学習する意義とのリンク

振り返りになりますが、学校で学ぶということは、教科書の暗記が本来の目的ではありません。「悩む」でもありません。「思考する」習慣をつけることが、学ぶ目的の大きな役割です。この「思考する」には客観性が必要であり、その客観性を引き出せる、つまり主観（我）にこだわらない考え方を磨き、幅を広げていくことが「学ぶ」ことなのです。

受験勉強を必死に続ける人たちは、「時間」というものを犠牲にして挑戦し続けます。この積み重ねがストレス耐性や使命感づくりにつながるのですが、「有名になりたい」「金持ちになりたい」という「我」を目標に設定すると、挫折したときに大きく歪《ひず》みが生じていきます。自分に起こっている出来事と、今やるべきことをつなげることが学びの最大目標と感じます。

文系の学問を追求していくと、人はいろんな哲学に触れたくなり、解読を楽しみます。理系の学問を追求していくと、数字の世界か物理の世界につながっていきます。そしてそこから心理の読み解きに興味を持ちます。

カルトに走ってしまう学生は、この学習意欲を短絡的に結びつけたために引き込まれていくのです。本心で追求したい人は、自分で解析していきます。どうかご注意を。

私自身、過去を読み、今を味わい、未来を知ることに、もっと若い時から気づけていたら、むやみに人を傷つけることもなかったのにと思えるこの頃です。

▼▼▼ 今を活きることは「私」の自己大全集を紡ぐこと！

時の奇跡

この本でお伝えしたかった最大のテーマは、「誰もが『私』として生まれた意味があり、役割がある」ことを知っていただくことです。

私がこの本の中でお伝えしたいろんなツールや考え方も、ご自身の生年月日をもとに算出するものがあります。「えっ!?　たかが誕生日？」と思われた方もたくさんいらっしゃることでしょう。

しかし、なぜ私たちは、この場所にこのタイミングで生まれてきたのでしょうか。こんなに地理的に大きな宇宙と時間軸で幅のある現代社会の中で、周りにいらっしゃる方と出会い、現代社会の問題をたくさん眼にしています。この何千年という文明の歴史の中の、ほんの瞬間に生きている現代という時間の中で、「私」である意味が、この「たかが誕生日」にあるのです。

人は、予定日通りに生まれるとは限りません。予定日より早く、または遅れて生まれる人だっています。誕生日は偶然の賜ではなく、「私」では抗《あらが》えない生まれ出る法則に基づいて、今ここに「私」がいるのです。

出会いや出来事一つひとつを味わう心の余裕が、本来の自分の生きている意味、「私」を活《い》かす法則を見せてくれるのです。時は奇跡を起こしているのではなく、必然の理解を見せる存在であり、それを支配したり、私欲で動かすことはできません。

五感から先の世界

人は生まれ出た時に感覚を授かります。五感といわれる眼、耳、鼻、舌、肌の感覚です。これによって何事かを知覚し、認識、判断します。つまり生命体そのものの作用であり、もし五感の何かを失っていくとしたら、その分、代わりの何かを手にしています。

人は社会に使えるツールが豊かになればなるほど、何かを失っています。その代表例が感情であり、危険や心を察知する感覚の世界といわれる直感力の第六感です。言葉が豊富になっていく一方で、テレパシーなどの第六感は失われていきます。この感覚を呼び起こすのが、客観的に検証する力であり、経験を積み重ねることによって、察する力がついていきます。

第六感で感覚の世界が終わりかというと、まだ先があるようです。客観性が培われていくことで達する境地が、社会という集合体、そして個人の心の中に存在する「無意識」の領域です。

この層は非常に厚く、時にその奥にあるもの「心の本質」を分かりにくくしています。だからこそ、第六感を深く味わうには、客観性と感覚が必要で、その高まりをトレーニングするのが「禅」や客観的な日記づくりです。それがもたらす空間で、集合的無意識の感覚に浸るのです。

この中で気づくのが、もう一人の自分の存在。そしてそのもう一人の自分と対話できる世界への道が見えてきます。この対話は、言葉ではないかもしれません。何とも言えない感覚で訪れるので、キャッチする側の「私」の客観性が必要になってくるのです。このもう一人の自分とつながる世界を第七感とします。

そして、その後に行き着く世界が第八感の世界。これまでこの本の中で「自分自身」という言葉を一人称に置き換えて、「私」とカギかっこつきで表現してきました。その意味は、人生の基本が一人称だからです。

一人称といえども、本能を覆う本質、そして一族の習慣が概念として植えつけられているので、単純なものではありません。しかし、「私」に気づく修行の旅が学問の世界であり、時間の中で経験する出来事を味わう世界だとすれば、「私」を飛び越えた二人称である「あなた」、そしてその空間に客観的に存在する三人称の存在とともに共存していきます。

その究極の関係性が「溶け合い」であり、苦行や写経だけで行き着ける世界ではなく、「私」の人生を理解し、もう一人の自分との存在を知りえた時に生まれる世界なのです。「幽玄の世界」とも言われますが、言葉に表すこともできない「私」も「あなた」も、言葉すら存在しない融合の世界があるのです。

決して難しい世界でも、怪しい世界でもありません。人生哲学、そして物理の追求は宇宙を目指し、そして「私」に立ち返ります。

結果、溶け合いの法則を「私」なりに探すのが、人生だということに気づくのです。

自己大全集づくり

祇園精舎の鐘の声
諸行無常の響あり
沙羅双樹の花の色
盛者必衰の理をあらはす
驕れる人も久しからず
ただ春の夜の夢の如し
猛き者もついには滅びぬ
ひとへに風の前の塵に同じ

『平家物語』の冒頭です。人はいつまでも盛んな時を生きることはない。どんなに強い人でも、いずれ消えることへの自覚を表しています。平家は一代で栄華を極めるために、一族以外の集団に、怒りや恨みを与え続けながら、恐怖で押し込めさせて栄えていきました。その結果、一瞬の時を見定めた集団、源氏によって、あっという間に滅んでしまいます。まさしく人生哲学の教訓ともいえる一節です。

「私」が盛んな時ほど、そこに流れる我と欲、そして役割に目を向けることで、理由もなく衰退することはなくなります。盛んな時に、「自分の役割は何だろう?」「今、この出来事が私に何を問いかけているのだろう?」と、勝って兜の緒を締めることで見えてくるもの。そこにあるのが、「学ぶ」ことであり、いろんな経験を積むことです。

知識の暗記による議論だけではたどり着けない、自分の人生の本当の出発地点が、「私」の行動から学び取れるのです。

あなたはヒーローになりたいですか?

何のためになりたいですか?

あなたにとって幸せに生きるとは何ですか?

この世にたくさんのヒーローは必要ありません。ヒーローのヒーローになろうとして、そこで無駄な争いが始まります。それはこれまでの人類の歴史が見せてくれています。

この世の中は、ヒーローを支える人たちをたくさん必要としているのです。地味に思える仕事でも、その役割を果たす人がいないと、会社も成り立ちません。自分が今いる立ち位置の意味を理解し、そこがどんな効果や貢献をもたらしているのか、考えてみましょう。そして、自分の役割を自覚すると始まる〝何か〟を感じ取りましょう！　この役割は、人から決められるのではなく、自分自身で感じて、客観的に気づき、つかみ取るのです。

「私」が「私」であるために必要な心、それは自分の物語に入り込む「大全集」をつくるという意思です。最後に、この大全集づくりをお伝えします。

人は生きているうちにいろいろな人に出会い、たくさんの出来事を体験し、そこに様々な感情や感覚を思い出させられます。ただ、人との出会いを無意識、無感覚でとらえていると、自分の人生が「うすっぺらい週刊誌」になってしまいます。誰と出会うか？　どこで出会うか？　一期一会の出会いをありがたいことと思い、その一瞬の意味を味わうことで、分厚い大全集に紡ぎ上げることができるのです。

私は「意味がない」と思っていた何気ない出来事をスルーし、大きな出来事だけをポイントと思い、そして「私」の人生だと勘違いして生きてきました。しかし、それでは週刊誌にしかならないのです。「どっちみち」と言わせる癖と、周りの環境が、そういう「私」にしていました。

私は、人間本質学を通じて、もう一度人生を振り返っていきました。そう意思すると、小・中学校時代の友人などに再会する機会が増えて、「私」が感じてきた記憶とは違った私の過去（歴史）にも気づけました。

意見が行き違いになって袂《たもと》を分かった恩人と意思をもって再会し、またいろんな助言をいただけるようにもなりました。心に湧き起こった言葉「盛和塾に入りなさい」を信じて、盛和塾解散二年前に入塾し、様々な経営者と交流ができました。

このような客観的な言葉や流れを行動に移すことで、「人生、捨てたモンじゃない！」と「私」の人生に意味と理由が見えたのです。

「普通に見える人生でも最高の生き方ができる！」そのためには「私の活かし方」が必要になってくるのです。その感覚の集大成が大全集につながるのです。

大全集は「私」の内側から生まれてきます。「いっしょに」や「ともに」が希薄な時代になっていますが、だからこそ、「私」の内界へ踏み出す時なのです。

内界をていねいに掘り進めると、油田と出合います。単純作業の中から生まれてくる、ある刺激で、一気に噴き上げてきます。それをどこまで辛抱できるか？　そう、価値観の葛藤が大全集の文脈に流れ始めると、紡ぐことがたくさん湧き出てくるのです。


「私」の大全集を作るには、フラットな目線、つまり第三者目線が必要で、その感覚にこの世界で触れるには、何かしらのきっかけが必要です。「私」を知る鍵は「私」の心、感じ方にあります。「ＥＱ力」であり、この本全体の中でお伝えしている「非認知脳力」の使い方がカギです。

この本に出合っていただいたみなさんも何かのご縁です。学生時代の学びや友人関係、家族、そして社会人になってからの出来事や葛藤を味わう心を育てて、溶け合える人生を味わっていただけたら幸いです。

参考文献

『風姿花伝　世阿弥』現代語訳　夏川賀央（致知出版社）
『吉田松陰「留魂録」』現代語訳・解説　城島明彦（致知出版社）
『ＥＱ「感じる力」の磨き方』髙山　直（東洋経済新報社）
『ＥＱを鍛える！』二見道夫（文香社）
『やり抜く力』アンジェラ・ダックワース著　神崎朗子訳（ダイヤモンド社）
『自然現象と心の構造』Ｃ・Ｇ・ユング　Ｗ・パウリ著　河合隼雄、村上陽一郎訳（海鳴社）
『黄金の華の秘密』Ｃ・Ｇ・ユング、Ｒ・ヴィルヘルム著　湯浅泰雄、定方昭夫訳（人文書院）
『易経の智恵』田中恵祥（コスモトゥーワン）
『古代マヤ暦の暗号』メムノシス・Jr.（ぶんか社）
『新版・敬天愛人　ゼロからの挑戦』稲盛和夫（ＰＨＰ研究所）
『考え方』稲盛和夫（大和書房）
『なぜ稲盛和夫の経営哲学は、人を動かすのか？　脳科学でリーダーに必要な力を解き明かす』岩崎一郎（クロスメディア・パブリッシング）
『池上彰教授の東工大講義　この社会で戦う君に「知の世界地図」をあげよう』池上　彰（文藝春秋）
『おとなの教養』池上　彰（ＮＨＫ出版）

おわりに

この原稿を書き上げるのに六年かかりました。

まず一年半で書き上げたのですが、その後脳梗塞になってしまいました。しかし、その間に出会いが変わりました。私自身の学び場や習慣が変わりました。だから、この歳月がかかったことにも意味があると思って感謝しています。


思い立ってからすぐに文芸社さんの門をたたき、出版企画部の小野幸久様に話を聞いていただきました。名も無い私の飛び込みだったにもかかわらず、真剣に話を聞いてくださったこと、心から感謝しています。その後小野様より編集部の吉澤茂様をご紹介いただきました。台風が東京を直撃した日で、交通網も麻痺した中、定刻通りに本社へ伺えたことに、ご縁の深さを感じます。

そして前書きにも紹介しましたが、この本は四人のイラストレーターがいます。カバーと二章を担当してくれたのが岩崎由紀子さん（二〇一三年度の卒業生）。三・四章を担当してくれたのが生見栞梨さん（二〇一七年度の卒業生）。五・六章を担当してくれたのが本田修盛さん（二〇一五年度の卒業生）。そして七・最終章を担当してくれたのが益満遥士さん（二〇一九年度の卒業生）。個別に連絡を取り相談したところ、みんな快く引き受けてくれました。本当にありがとうございました。

この四人はそれぞれの担当の場所に意味があってお願いしています。彼らにはタッチやイメージなどをお願いせずに、思いのままにイラスト化してもらいました。ぜひもう一度みなさんに読んでいただき、その意味を感じていただけたら幸いです。

これまでに私が運営している教室からは、たくさんの個性溢れる卒業生が誕生しています。このみんなやサポートしてくれるスタッフとの出会いに心から感謝しています。

そして私をこの地に産んでくれた母や、一族のことを教えてくれた父や兄、また、経営者としての生き方を教えてくれた母の兄弟、世界各地に私を連れて行ってくれて民族や文化について気づかせてくれた廻裕次氏には、人生哲学の基礎を学ばせていただきました。

最後に、二人三脚で「今」をいっしょに生きて理解してくれている妻の百代に、心からの感謝を送ります。

人は一人では生きていけません。裏切りや妬みを受けても、それは自分の行いが招いたこと。人を恨まず、人を憎まずにいれば、「人間とは」が見えてきますし、「私」を知ることができます。勉強に行き詰まっている方や教育に迷いがある方、そして心に迷いがある方は、ぜひ左記サイトをのぞいてみてください。この本とともに、迷いの霧が晴れる一助になれたら、この上ない喜びです。
まだ見ぬ次世代の子どもたちにも、私の役割を活《い》かして生きていきます。
みなさま、こんな私とお付き合いくださり、本当にありがとうございます。

サイト

- 一般社団法人FLC
（http://eq-gym.com/flc.html）

- 脳トレEQジム
（http://www.eq-gym.com/）

- ラーニング・ポイント
（http://www.eq-gym.com/lp/index.html）

著者プロフィール

渕ノ上 雄次（ふちのうえ ゆうじ）

1973年鹿児島県生まれ。
鹿児島大学法文学部法学科卒。地方公務員勤務を5年経て、「笑顔で宇宙に帰る」を目標に人生修行後に起業。2003年から個別学習指導教室「ラーニング・ポイント」を主宰し、社会で活きるための考える学習を研究中。2006年から思考力と心を育てる「脳トレEQジム」を開発し、統括プロデューサーとして活動中。2015年には一般社団法人FLC代表理事に就任し、一般企業に向けての適性検査や学生向けのEQ脳力検査を提供することで、学歴にとらわれない“人を観る眼を変える社会づくり”を目指し活動中。

「EQ力」と「非認知脳力」で自分を変える！
この世界での「私」の活かし方

2020年4月15日　初版第1刷発行

著　者　渕ノ上 雄次
発行者　瓜谷 綱延
発行所　株式会社文芸社
〒160-0022　東京都新宿区新宿1－10－1
電話　03-5369-3060（代表）
03-5369-2299（販売）

印刷所　株式会社フクイン

ISBN978-4-286-21426-9